基于MOOC的民办高校学分制方案设计研究

彭锦 著

WUHAN UNIVERSITY PRESS
武汉大学出版社

图书在版编目(CIP)数据

基于MOOC的民办高校学分制方案设计研究/彭锦著.—武汉:武汉大学出版社,2022.12

ISBN 978-7-307-23373-7

Ⅰ.基… Ⅱ.彭… Ⅲ.民族学院—学分制—教学管理—研究—中国 Ⅳ.G758.4

中国版本图书馆 CIP 数据核字(2022)第 190089 号

责任编辑:沈继侠 责任校对:鄢春梅 版式设计:马 佳

出版发行:**武汉大学出版社** (430072 武昌 珞珈山)
(电子邮箱:cbs22@whu.edu.cn 网址:www.wdp.com.cn)

印刷:武汉邮科印务有限公司

开本:720×1000 1/16 印张:12.25 字数:197 千字 插页:1

版次:2022 年 12 月第 1 版 2022 年 12 月第 1 次印刷

ISBN 978-7-307-23373-7 定价:49.00 元

前　　言

"十三五"期间，党中央、国务院对信息化工作高度重视。习近平总书记强调要"积极推动新技术与教育融合创新发展"，要适应信息技术的发展，推动教育变革和创新，构建网络化、数字化、个性化、终身化的教育体系，建设"人人皆学、处处能学、时时可学"的学习型社会，培养大批适应信息社会需要的创新人才。MOOC作为一种大规模开放在线课程，是信息技术在教育领域深入发展的产物，是一种新型的教学模式和学习模式，也是现代教育中一种先进的教学理念。它具有大规模、开放性、自主性等特点。MOOC的应用和推广对于创新人才培养模式、扩大教育资源、促进教育公平有着巨大的作用。

学分制作为一种先进的教学管理制度，以其充分尊重学生的个体差异，因材施教，强调学生的自主学习，注重学生的个性发展，体现了以人为本的教育理念，加上其课程选择的灵活性、学习过程的指导性、弹性学制的机动性、学习内容的宽广性以及人才培养的适应性等特点而迅速地得到推广和不断地发展、完善，被世界各国高等学校采纳并受到了广大师生的欢迎。民办高等学校实行学分制面临着师资不足、教学资源匮乏等诸多困难，借助信息化手段，充分利用MOOC这一现代化教学模式和学习模式，是解决民办高等学校实施学分制面临问题的有效办法。

本书运用文献分析法、调查访谈法、案例分析法和网络学习法，基于MOOC这一视角，对民办高等学校学分制方案设计问题进行了系统而深入的研究。本书首先剖析了当前民办高等学校实施学分制面临的问题，如学科专业设置单一，课程面狭窄；师资队伍力量薄弱；培养方案及课程设置不尽合理；基本教学条件不够完善，管理水平相对滞后；学生选课盲目缺乏导向，学习自主性不强；制度不全与保障缺失，等等。为了解决民办高等学校学分制实施面临的现实问题，提出利用MOOC这一新的教学模式和学习模式，推进民办高等学校学分制改革。本书探讨了MOOC的特征及对民办高等学校学分制实施的作用和影响，并指出：（1）MOOC为民办高等学校学分制的实施提供了更多优质课程资源，促进了精品课程建设，从而助推学分制改革。（2）MOOC为民办高等学校学分制的实施解决了优秀教师资源不足的问题，提高了整体教师队伍质量。（3）MOOC帮助学生提高学习积极性和自主性，从而有利于民办高等学校学分制顺利推行。

本书概括了当前民办高等学校运用MOOC推行学分制可以采用的几种模式：（1）自助课程+课程证书认证模式。（2）第三方课程平台选课+学校学分认证模式。（3）联盟高等学校课程平台选课+高等学校间学分互认模式。并以D校为例，借助尔雅通识教育MOOC平台，设计了基于MOOC的民办高等学校学分制方案，该方案对部分高等学校实行的购买第三方课程平台选课+学校学分认证模式的实践探索进行了概括、总结和提炼，上升到理论高度，以期为更多的民办高等学校进行基于MOOC的学分制改革提供参考。该方案对D校原有的人才培养方案进行了调整，减少了必修课的比例，扩大了选修课的比例，并且以优质的、丰富的MOOC通识教育综合素养选修课程替代了原有的狭窄的、贫乏的跨专业选修课程，同时对学分管理及收费制度做了设计。

为保证基于MOOC的民办高等学校学分制方案的顺利实施，本书还探讨了实施基于MOOC的民办高等学校学分制方案的保障策略，包括经费保障、制度保障、网络等后期服务和管理保障等。

本书研究的创新之处有三点：（1）视角的创新。以MOOC这一先进的教学理念和教学模式为切入点对民办高等学校学分制方案设计进行研究，构建民办高等学校学分制改革的全新模式和路径，这为探索民办高等学校学分制改革的新路子打开了视野。（2）内容的创新。本书以尔雅通识教育MOOC平台为依托，设计出基于MOOC的民办高等学校学分制方案，这对创新民办高等学校的教学模式及人才培养方式具有开拓性意义。（3）方法的创新。本书运用网络学习法，依据网络学习的特点进行MOOC课程的设计和教学，注重学生学习的广阔性、互动性、自由性和精服务，从而凸显了基于MOOC的学分制方案的优越性。

本书对深化民办高等学校的学分制改革，加快民办高等学校人才培养模式的变革，推进民办高等学校治理体系现代化的进程，促进民办高等学校学生的个性化发展有着积极的作用。

目　　录

1 绪　　论

　　"十三五"期间，党中央、国务院对信息化工作高度重视。习近平总书记强调要"积极推动新技术与教育融合创新发展"，构建网络化、数字化、个性化、终身化的教育体系，建设"人人皆学、处处能学、时时可学"的学习型社会，培养大批适应信息社会需要的创新人才。① MOOC 作为一种大规模开放在线课程，是信息技术在教育领域深入发展的产物，是一种新型的教学模式，也是现代教育中一种先进的教学理念，它具有大规模、开放性、自主性等特点。MOOC 的应用和推广对于创新人才培养模式、扩大教育资源、促进教育公平有着巨大的作用。

1.1　研究背景及研究意义

1.1.1　研究背景

　　MOOC（Massive Open Online Course 的缩写）即大规模开放在线课堂，是近年来兴起的一种新型网络学习模式，是一种针对大众人群的在线课堂，是信息技术在教育领域深入发展的产物。MOOC 最初是由美国斯坦福大学的两位教授提出，并在随后多个著名高校加入合作创建在线开放课程，最终形成 Coursera，edX 和 Udacity 的三分天下的局面。② 它们的涌现促成了 MOOC 的快速发展，2012 年被称为"MOOC 元年"。在此影响下，我国在 2013 年开始逐渐出现了中

---

① 习近平. 推动信息技术与教育融合创新发展 [DB/OL]. （2015-05-23） [2018 -05 - 03]. http://news. southcn. com/china/content/2015 -05/23/content_ 124846333. htm.

② 高地. 美国高校 MOOCs 的特点、争议与思考 [J]. 高校教育管理，2015（5）：52.

文 MOOC 的发展模式，各大高校和机构也开始探索将其融入国内课堂的教学方式，从最初加入美国三大 MOOC 联盟发展到创建适合国内高校教育发展现状的中文 MOOC 平台，如"学堂在线"、中国大学 MOOC 等。① 随后，越来越多的高校开始注重 MOOC 在高等教育中的应用，无论是教学方式上，还是课程设置中，MOOC 都逐渐被各大高校广泛接受和应用。

学分制是高等学校的重要教学管理制度，以学分为单位，量化学生学习进度，规定学生必须获得的学分数量，学生毕业前必须修完规定学分。② 实施学分制的宗旨在于注重学生个性发展、倡导因材施教和启发式教学。它为学生个体的能力、特长、兴趣与爱好的发展提供了良好条件。

民办高等学校作为除国家机构办学以外的社会组织或个人筹措资金的办学方式，对于教育的大众化以及通过多元化途径促进人们对于学习和智力提升的诉求具有重要意义。民办高等学校在推行学分制改革过程中，由于历史的原因，在师资力量、课程建设、教学条件等方面有着天然的不足，制约着学分制的实施，因此如何利用 MOOC 提供优质课程资源，推进民办高等学校的学分制发展，是一个值得我们深入研究的重要问题。

1.1.2　研究意义

MOOC 作为一种新的教学手段是对传统教学手段的丰富和创新，合理使用 MOOC 这种教学手段有利于丰富高等学校的教学内容、提高教学效率、满足大学生的个性化学习的需求。因此，探讨如何利用 MOOC 为高等学校人才培养提供优质课程资源，对于推动民办高等学校学分制的深入发展，转变人才培养理念，进而推进我国民办高等教育教学改革特别是教育教学制度改革与创新，促进民办高等学校人才培养模式的转变具有重要的理论意义和实践价值。

1. 本书研究的理论意义

本书是基于 MOOC 的视域对民办高等学校学分制方案设计所开展的研究，由

---

① 朱学伟，杨伟. 基于 MOOC 自助课程的高校学分制改革的研究 [J]. 中国现代基于装备，2015（23）：97.

② 尹苗苗，辛清. 适合中国国情的高校复合学分制 [J]. 科教导刊，2015（3）：31-32.

于我国民办高等学校存在着诸多的先天不足（如师资数量、质量和课程资源等方面相对于公办高等学校存在着巨大的差距），因而，我们提出在民办高等学校引进 MOOC 这种形式的教学，有利于拓展我国高等学校学分制理论研究的视角，也有利于进一步丰富 MOOC 教学理论。

（1）有利于拓展学分制理论研究的视角。学分制是一种教学管理制度，以学生取得的学分数作为衡量其学业完成情况的基本依据，并据以进行有关管理工作。实施学分制是现代高等学校为适应学生个性化和多样化需求、鼓励学生冒尖、提高教学效率、降低教学成本而设计的高等学校教学管理的一种制度。一段时期，我国高等学校的教学管理制度采用单一的学年制，对教与学统得过死，忽视学生的个性和才能差异，压抑了教与学尤其是学生学习主动性、积极性和创造性的发挥。1978 年，武汉大学从国情、校情出发，推出学分制教学管理制度。此后在其他高等学校迅速得到推广，为我国国民经济建设和科学技术的进步培养了一大批优秀人才，他们中的许多人成为今天各个领域的领军人才。国内外高等学校实行学分制的实践已表明：与传统的学年制相比，学分制是一种有利于创新人才培养的更为有效的教学管理制度，其根本原因在于其尊重学生学习自主权，使学生更加明确了自己的学习目标，极大地激发了学生自主学习的热情。

目前，大多数发达国家的高等学校都已实行了学分制。我国从 1978 年开始恢复学分制试点至今已 40 多年。经过 40 多年的发展，我国实行学分制的高等学校达到 1/3，但与国外学分制实施较早的国家特别是美国相比（美国的学分制从试行到完全成熟已经历 100 多年的历程），我国仍然属于探索阶段。随着高等教育改革的不断深入，深化和完善学分制已成为我国高等教育改革和发展的必然趋势。从整体来看，MOOC 这种手段尚属于新生事物，目前基于 MOOC 的民办高等学校的学分制仍处于探索过程中，有关基于 MOOC 的民办高等学校学分制问题的研究也还比较匮乏。

2018 年 6 月 21 日，教育部在四川成都组织召开了我国第一次本科教育工作会议，将本科教育的地位提升到前所未有的高度。我们相信，本科教学在高等学校的重要性将得到重新认识，重科研轻教学的现象也将会随之得到根本性扭转。随着新一轮高等教育改革的进一步推进，在本科院校实行学分制也将全面推行，教育界以及社会各界都对高等教育学分制改革和发展进行了许多不同角度的理论研究与探讨。但现有的这些理论研究和探讨大多数是宏观的和广泛的，是针对普通公办高等学校而言的，而基于 MOOC 针对民办高等学校这一学校主体的学分制所开展的相关理论研究甚少，对于学分制下民办高等学校内部管理实践和制度建设的研究相对更少。本书试图探索如何利用 MOOC 这一新的技术手段，有效解决民办高等学校学分制实施过程中存在的问题，进而转变民办高等学校人才培养思路，运用新的理念、技术改善和优化民办高等学校学分制教学管理模式。因此，本书开拓了学分制理论研究的新视角，必将对提高民办高等学校人才培养质量产生积极的作用。

（2）有利于丰富我国民办高等学校学分制建设的理论。1894 年美国哈佛大学率先在全球实施学分制，其目的是提高学校的办学效率和激发学生个性化学习的热情。经过多年的改革和演进，出现了学年学分制和完全学分制两种学分制。目前我国高等学校实行的学分制大多数采用的是学年学分制，兼顾学年制和学分制的优势。改革开放以后，我国高等学校实行学分制的都是公办高等学校，随着民办高等学校的兴起，我国部分民办高等学校也开始尝试实施学分制（基本上是学年学分制），但是，在 MOOC 这种教学方式出现之前，民办高等学校的学分制基本上是模仿公办高等学校的学分制，因此，针对民办高等学校实施的学分制建设所开展的研究并不多。然而，随着 MOOC 的出现，民办高等学校学分制建设面临着与公办高等学校学分制不一样的挑战和机遇。

面对 MOOC 的汹涌发展，部分民办高等学校开始思考如何利用 MOOC 这一新的技术进一步完善其学分制建设这个新问题。相比较公办高等学校具有较为丰富的人才培养资源，民办高等学校正面临着办学经验欠缺、师资力量不足、数量有限、课程资源缺乏、办学基础较为薄弱等一系列制约民办高等学校学分制顺利推行的诸多困境。如何解决我国民办高等学校实施学分制面临的这些共性困境？我们认为，MOOC 这一新的技术和手段为民办高等学校进行学分制改革和建设提供了绝好的机遇。

本书正是基于这样的视角和思路，对民办高等学校的学分制建设开展较为系统的研究，目的就是通过对 MOOC 的合理运用，进一步完善民办高等学校的学分制。因此，本书是对现有民办高等学校学分制建设理论的极大补充和丰富，也必然会促进我国民办高等学校的高质量发展。

（3）有利于丰富教学模式的理论。传统的课堂教学模式，主要是老师面对学生直接进行讲授式的知识传授，是一种单项的知识传输过程，即教师讲学生听。虽然这种教学模式教学目标明确、计划性强，具有高效的教学效果，学生能够通过这种方式在较短的时间内掌握连续、系统的知识。但是这种模式的缺点也十分突出，比如教师在教学过程中始终居于主导地位，在有限的课堂教学时间内，师生之间难以开展有效的互动，学生的学习长期处于被动状态，学生学习的主动性和积极性难以调动。此外，传统讲授式的课堂教学只关注学生的整体难以顾及学生的差异性（事实上，学生在学习过程中的差异性十分明显，针对教师在课堂上讲授的内容每个学生不可能都能及时理解和消化），学生在学习中出现的个性化问题难以得到及时解决，必然会出现部分学生因基础较差而挂科的现象。随着挂科数量的不断积累，有些学生就很难在规定的时间内完成大学的学业，最终不得不退学。这是十分令人痛心的事情，也是对高等学校人才培养资源的极大浪费。因此，许多高等学校都在探索如何改变这种现状，虽然不少学校也采取了学业预警的方式试图消除这种现象，但对于那些基础较差的学生来说收效甚微。

MOOC 的出现，为有效解决学生中存在的学习差异性提供了极大的可能性。基于 MOOC 的学习方式是对传统教学方式的有效补充和完善，它促使传统的教学方式发生了深刻的变革，这是一种实现了教学和网络有效结合的全新学习方式。在这种全新的教学方式中，学生的学习活动将不再受到空间和时间等因素的束缚，他们无需再前往某个固定地点进行学习活动，只需借助于网络载体，不论时间、地点，都可以根据自己的需求和意愿自主展开学习活动，同时还可自主选择授课教师，使得学习活动更具个性化和针对性。[①] 学生也可以根据自己的知识基础，自主掌握学习进度，对于那些难以理解的知识点，既可以通过在线的方式反复学习直至弄懂，也可以在线与授课教师和同学开展深入交流。而且在线学习的内容和学习资源十分丰富，学生可以自主且快捷地获得大量的学习资料，极大地开阔了学生的学术视野，激发了学生深入学习和探索的欲望。

---

① 马楠．网络课程开发的研究与实践［D］．北京：北京邮电大学，2009：2.

基于 MOOC 的民办高等学校学分制方案设计，在把更多优秀课程引入课堂从而丰富教学资源的同时，也突破了传统的课堂讲授教学模式，打破了学习的时空限制；运用了信息化的学习途径，改变了学习者的认知方式，使学生自主学习和教师课堂教学实现了有机融合。课程资源的优化、课程内容质量的提升和教学方式的创新，不仅调动了学生学习的积极性、主动性，同时也促使教师进行深层次的变革。① 因此，把 MOOC 运用到民办高等学校学分制方案设计是目前民办高等学校提高人才培养质量的有效选择。

为了能够帮助民办高等学校更加科学地运用 MOOC 于学分制建设，我们必须对这种教学模式开展较为系统的理论研究。实际上，MOOC 作为一种教学模式在公办高等学校的研究成果中并不少见，但是，将这种教学模式运用于民办高等学校学分制建设的研究成果则并不多见。出现这种现象的主要原因在于民办高等学校的边缘化状态使得人们对于民办高等学校教学改革的忽视。但是，民办高等学校作为我国高等教育的重要补充，无论是其学校数量还是其办学规模，已经在我国的高等教育整体中占据了半壁江山，对于我国高等教育强国建设来说发挥着举足轻重的作用。因此，对民办高等学校在学分制建设过程中基于 MOOC 开展的教学模式的研究，是对我国高等学校教学模式理论的重要丰富和补充，同样具有重要的教育学的理论价值。

2. 本书研究的实践价值

从高等教育发展的历史角度看，学年制的发展有着重要的进步意义，它标志着人们对高等学校人才培养从理念到制度设计等方面的革命性变革，也标志着人们对高等教育规律的认识更加清晰、更为准确。基于 MOOC 的民办高等学校学分制方案设计研究，不仅有利于促进民办高等学校人才培养模式改革，加强民办高等学校教育及其治理体系现代化，而且也有利于促进民办高等学校学生的个性化发展，调动学生学习的积极性和主动性。

（1）有利于进一步推进民办高等学校学分制建设。虽然西方发达国家高等学

---

① 李宏明，陈坚. 基于 MOOCs 的高校学分制教学策略探究 [J]. 台州学院学报，2015（6）：80.

校的学分制建设大多数由私立高等学校首先实施，但是，中华人民共和国成立以来，学分制在我国首先却是在公立高等学校实施的。我国的民办高等学校有着特殊的发展历史，是否适合实施学分制以及学分制实施的效果如何、相关配套制度如何建设和完善等方面都是一种探索和尝试，可以说，民办高等学校实施学分制本身就是一种具有创新意义的制度建设，在这个领域的每一种探索都值得我们关注和肯定。

在民办高等学校学分制建设过程中，将 MOOC 这种教学手段及时引进并作为学分制实施的一个基本保障举措，是民办高等学校在学分制建设方面的一个创举，无疑又是一次民办高等学校的制度创新。我们相信，民办高等学校基于MOOC 的学分制建设路径一定与公办高等学校的学分制建设路径必然有很多的不同。因此，对于民办高等学校来说，如何看待这种路径的不同、如何合理吸收公办高等学校学分制建设的经验、如何建设具有民办高等学校特色的学分制，等等，都应该值得我们去关注和研究。从这个角度来看，本书对进一步推进民办高等学校的学分制建设发挥着重要的作用。

（2）有利于促进民办高等学校人才培养模式的改革。高等学校人才培养模式涉及高等学校教育教学工作的方方面面，除了要集中体现高等教育的教育思想和教育理念之外，还要涉及高等学校的教学内容、教学手段和评价方式。我国民办高等学校人才培养模式是依据我国民办高等教育思想、素质教育思想和民办高等学校的人才培养目标而确立的，同样也要体现出民办高等学校的教学内容、教学手段和评价方式，而 MOOC 在这些方面都会产生一定的作用。

首先，基于 MOOC 的学分制建设有利于民办高等学校更有效地获取高质量的课程。相对于公办高等学校，民办高等学校在课程资源方面一直处于供不应求的状态，而高质量的课程并非一日之功，需要学校经过长期的课程建设和积累方可实现。为了全面提高大学生的基本素质，民办高等学校的人才培养方案必须以整体优化课程体系为主旨，丰富课程资源，提高课程质量。但是这项工作不仅需要相当长的时间，而且需要投入大量的经费，这对于办学经费普遍紧张的民办高等学校来说，无论是时间成本还是资金成本都是巨大的挑战和压力。通过引进MOOC，民办高等学校则可以广泛引进符合其需要的一流大学各具特色的优质课程，这就使民办高等学校有可能在较短的时间内与重点院校站在同一起跑线上

(实现弯道超车或者跨越式发展)，全面接受学习者检验和同行的评价与批判。①因此，作为人才培养活动的核心组成部分，基于 MOOC 的课程体系的改革和优化必将促使民办高等学校人才培养模式改革的进一步深化。

对于民办高等学校来说，全面提高学生的基本素质，需要大量的通识课程，然而长期以来，大多数民办高等学校由于只注重专业人才的培养，而忽视了学生的通识素养的培养，民办高等学校在通识课程建设方面相对薄弱。如果民办高等学校在学分制建设过程中，能够有效地引进 MOOC 资源，重视 MOOC 优质课程资源建设，形成以通识教育课程体系改革为核心的改革思路，对促进民办高等学校人才培养模式改革必将有着重要的实践意义。

其次，基于 MOOC 的学分制建设有利于民办高等学校深化教育教学手段的改革。从本质上看，MOOC 本身就是一种基于互联网的教学手段，是"互联网+"在教学手段上的变革。但是，合理运用 MOOC 需要学校在教学思想、技术手段和教学方式等方面做一定的改革，而不是简单地沿用到课堂教学中来。例如，在MOOC 教学中，教师的角色不再是大学生获取知识的传授者和探索者，而是大学生获取知识的组织者和指导者，学生需要更加自主和主动地在教师的引领下探求知识。这就对教师的教学素养提出了更高的要求，也对学生的学习素养提出了更高的要求。因此，对于民办高等学校来说，合理使用 MOOC 可以激发教师和学生更加自觉地从事教学活动，而对于不适应的教师和学生来说都必须努力克服困难。因此，从这个意义上说，民办高等学校在建设学分制的过程中，运用 MOOC必然会促进他们在教育教学手段方面开展深入改革。

最后，基于 MOOC 的学分制建设有利于民办高等学校对教育教学活动开展更为科学的评价。从人才培养模式的角度看，上述内容和手段的改革只是模式实现的基本条件，那么人才培养的目标是否已经实现；教学内容是否科学和满足学生的需要，教学内容能不能实现学校确定的人才培养目标；教学手段是否科学，能不能有效地让学生获取这些知识。所有这些都需要学校组织开展科学的评价。传统的评价手段比较简单，很多评价指标具有主观性、模糊性和不可量化性，但是

---

① 董闯，郭魏巍．论高职教育中多媒体课件在课堂教学中的作用 [J]．河南科技，2013 (11)：5.

MOOC 教学中教师和学生的一切教学行为都通过大量的数据保存下来，如教师组织了多少次课堂讨论、开展了多少次课程测验、批改了多少次作业、学生发言了多少次、对于难点知识的理解如何、完成了多少次课堂作业，等等，在 MOOC 的平台上都会自动保存和自由获取。因此，学校在对课程教学质量进行评价时，可以轻松获取这些数据并运用大数据挖掘技术对课堂教学开展有效、精确和量化评价。这样的评价对于民办高等学校来说，不仅可以节约大量的评价成本，而且科学准确，有利于提高课堂教学质量。

（3）有利于加速民办高等学校教育及其治理体系现代化的进程。传统民办高等学校教育模式在教学目标设定上往往以教师确定的标准为目标，要求所有学生都要在规定的时间内共同达到这个目标，这就忽视了学生的个性化差异，导致部分学习困难的学生难以跟上教学步伐，长此以往，这些学生就会丧失学习的积极性而产生自卑情结。而 MOOC 教学则可以有效地解决这个难题。因为在基于 MOOC 而设计的学分制模式下，学生可以根据自身的诉求进行目标设定，选择相应的学分。在民办高等学校的课程设置方面，传统的模式为学校预设课程，但是在基于 MOOC 的学分制下，课程的组合可以根据相关的信息和数据资源进行整合生成，而且课程内容是具有开发和共享性质的；在教育教学过程中，传统的模式以教师讲授为主，在基于 MOOC 的学分制下，教学过程则具有开放性、协作性与社会性的特征，能够更加丰富多彩和互动有序。

因此，基于 MOOC 的民办高等学校学分制方案设计研究在很大程度上促进了民办高等学校教育的现代化，不仅促进了教育手段、方法和工具的现代化，还促进了教育思想、教育理念和教育观念的现代化。同时，对于教育治理体系而言，也充分体现了学生广泛参与，共同治理的现代化治理体系。因而，借助于 MOOC 的学分制方案设计研究，有利于民办高等学校建立科学规范的治理体系，形成高水平的治理能力，从而有利于加速民办高等学校教育治理体系现代化的进程。

（4）有利于促进民办高等学校学生的个性化发展。个性化教育是现代教育的重要理念。我国高等教育处于精英向大众转化的阶段。精英阶段要求共同的相对较高的学术标准；大众化高等教育强调质量标准的多样化。这一教育理念使得教学管理也要适应其变化，采用新的管理思路和办法。因此，它对教学管理方法和手段也提出了更高标准的要求。① 基于 MOOC 的民办高等学校学分制方案设计，使得学生能够根据个性、兴趣、学习能力"跳独舞"，学生不仅能任意选课，甚至能"挑选"老师。对于学有余力的学生，可以多选自己有兴趣的课程，甚至同时拿到几个学位；而对于学习困难的学生，可以通过滞后、半工半读、分阶段完成等方式完成学位等，这些都有利于促进民办高等学校学生的个性化发展。

（5）有利于民办高等学校的学生享受优质教育资源，从而促进教育公平。利用 MOOC 推动民办高等学校学分制改革，可以弥补民办高等学校的学生因为没有考上更好的大学而产生的遗憾，让他们在这一更自由的制度下，平等地获得更多优质教学资源，助力他们成长成才。通过网上学习并拿到学分，可以使更多的人得到平等地享受高质量课程资源的教育机会。MOOC 对所有人开放，因此每个人都有机会随时随地学习优质的教育资源。随着其技术手段的不断完善，与传统的学校教育情境相比，MOOC 这种学习模式可能是实现教育公平的重要途径。②

目前，与公办高等学校相比，我国民办高等学校的教育资源比较贫乏，MOOC 给如何促进高等教育资源的公平分配与合理使用带来了许多启示。MOOC 这一在线学习方式，使得民办高等学校的学生可以突破地域、时空的限制，弥补未能进入更具名气高等学校求学的缺憾，契合民办高等学校学生的心理需求。他们可以在网络平台上跟名师大家学习，拿到 MOOC 学分，证明自己的实力。而学分制学习自由和选修制的特点，加上在线开放课程的助力，让他们得以大展拳脚，可以平等地获得优质教学资源，从而使他们的学业成绩可以与其他学校的学生抗衡，其毕业证书和学位证书的含金量也越发有分量。因此，基于 MOOC 的民办高等学校学分制方案的设计有利于促进教育公平。

1.2　国内外相关研究综述

本书将从国内相关研究和国外相关研究两方面来对基于 MOOC 的民办高等学

---

① 尹天光 . 高校学分制改革的必要性及动力因素分析 [J]. 教育理论与实践，2014（33）：11.

② 王大磊 . MOOC 时代大学学分制改革策略研究——由美国"全球新生大学"成立引起的思考 [J]. 当代教育科学，2016（17）：28-32.

校学分制方案设计的研究现状进行综述。

1.2.1 国内相关研究

基于 MOOC 的民办高等学校学分制研究涉及的内容很多,本书将从 MOOC 和学分制的相关研究两方面进行梳理。

MOOC 于 2008 年起源自加拿大,这个名称是加拿大学者 Dave Cormier 和 Bryan Alexander 首次提出来的。2012 年经美国 Coursera、MITx 和 Udacity 三家 MOOC 企业的推广,很快在全世界引起广泛关注,成为近几年全球教育领域最热门的话题之一。[1]

MOOC 兴起后,迅速在我国引起多方关注,众多知名高等学校纷纷加入 MOOC 实践行列,有关学者进行了多角度的深入探讨,形成了一批很有价值的研究成果。梳理这些成果,有助于我们更好地总结现状问题、把握研究前沿、提高研究质量。

目前,虽然国内关于 MOOC 方面的研究已经取得了一定成果,但是,基于 MOOC 的发展时间较短,因此,关于此方面的理论和实践研究还处于较为浅显的层次,且大部分实践研究尚未得出结论。就近年来的研究情况来看,MOOC 的研究多是从宏观的层面对其进行内涵界定,或是展开理论性的探究,尽管内容和范围较为宽泛,但不够深入和具体。按照理论研究与应用研究进行分类分析,本书试图对目前国内 MOOC 的研究情况做一个比较详细的归纳。

1. 关于 MOOC 的理论研究

通过对大量论文的整理分析发现,大部分论文目前的主要关注点还是 MOOC 的理论研究,主要体现在以下三个方面:

(1)关于 MOOC 的理念与发展历程的研究。世界名校麻省理工学院在 2002 年提出了开放课件运动(Open Course Ware, OCW)。[2] 该校借助互联网平台,与

---

[1] 李亚员,管立国.慕课的政治文化本质与政治安全 [J].理论探索,2015(1):54.

[2] 袁莉,斯蒂芬·鲍威尔,马红亮.大规模开放在线课程的国际现状分析 [J].开放教育研究,2013(3):57.

全世界的学习者共同分享优秀教学资源。而联合国教科文组织也在同一年提出了以资源全球共享为主题的开放教育资源运动（Open Resource Work，ORW），资源共享的类型包括课程所需相关资源以及学习者学习课程所需学习工具等。随后，英国开放大学也跟随着脚步，开启了开放学习项目，我国的网易公开课也是在这一教育运动持续发展中的一部分。新鲜事物的不断发展，必然有越来越多的学校或研究机构参与其中，通过互联网共享优质资源。而到 2012 年，这一趋势发展速度迅猛，出现了一个新生事物，一种更加优质的开放课程形式，大规模开放网络课程——MOOC。2012 年《新媒体联盟地平线报告》高教版中提及MOOC，但并没有引起广泛关注。[①] 而仅仅过去一年，MOOC 便已经成为炙手可热的词语，并且出现在了高等教育 2013 版《新媒体联盟地平线报告》中，作为近 1 年来教育领域的技术发展趋势，其与平板电脑并列第一位。

近年来，MOOC 在我国教育界也引起了极大的关注，它让许多教育者和学习者对大学教育的未来发展方向有了新的认识。在我国，关于 MOOC 的研究是从2012 年开始的。焦建立是我国最早对 MOOC 关注的学者，其在讲解 MOOC 时，将其译为"慕课"，并对 MOOC 的具体框架以及演变历程进行了具体论述。MOOC 为 Massively Open Online Courses 的缩写，全称为"大规模开放课程"，其中囊括了 cMOOC 和 xMOOC，蕴含了两种不同的理念。袁莉等学者在其著作中对MOOC 蕴含的两种理念进行了具体研究，认为 cMOOC 强调创新、创造、自治和社会性网络化学习，注重学习通道的建立，知识的流通；xMOOC 重视知识的学习与掌握，学习路径的导航，及时反馈学习过程中的问题。[②] 之后，MOOC 在我国传播开来，并受到了社会各界的广泛关注。

《中国教育网络》发行的 2013 版白皮书中指出，学者更多关注的是 MOOC的理念及发展，MOOC 对高等教育的强有力冲击，教育学者或者高等学校机构探讨的是应该如何应对这份机遇与挑战，以及它对于我国高等教育的影响等方

---

① L. 约翰逊，S. 亚当斯贝克尔，M. 卡明斯等 . Part 1 新媒体联盟地平线报告（2013 高等教育版）[J]. 北京广播电视大学学报，2013（10）：5.

② 袁莉，斯蒂芬·鲍威尔，比尔·奥利弗，马红亮 . 后 MOOC 时代：高校在线教育的可持续发展 [J]. 开放教育研究，2014（3）：44-45.

面。①《高等教育研究学报》开辟 MOOC 专题，从教育的社会属性、科学属性以及管理属性三个方面分析学者对 MOOC 的探讨。② 2013 年 10 月以 MOOC 为主题的第四次"中国远程教育青年学者论坛"，有 10 余位专家学者对 MOOC 的特征、发展、应用、影响与启示以及本土化发展的相关问题进行了探讨。③ 这部分研究对于后来者看清 MOOC 的来龙去脉并把握其发展中最突出的特点，是有帮助的。

（2）关于 MOOC 对我国高等教育的影响研究。MOOC 是一种参与者和课程资源都分散在网络上的课程，只有在课程是开放的、参与者达到一定规模的情况下，这种学习形式才会更有效。MOOC 不仅是学习内容和学习者的聚集，更是一种通过共同的话题或某一领域的讨论将教师和学习者连接起来的方式。④ MOOC 的主要目的是通过高质量的在线学习资源传播知识。它是通过架构一种学习平台，并在平台上提供多样性的用户交互支持。它是近年来国际高等教育界广泛研究和讨论的课题，也是一个受到 IT 技术市场高度关注的热点。

在我国，大部分观点对 MOOC 在中国的发展持积极的态度。他们认为 MOOC 的强大发展势头对传统教育将造成冲击，对教师带来挑战。如，王文礼认为，MOOC 让受教者以方便快捷的方式，有机会体验到世界各国高等学校一流的教学课程，开创了前所未有的教育视野。更多有价值的教学资源及大批有能力的教师逐渐步入受教者的视野，利用手机这个移动通信平台进行大规模的学习信息反馈从而使课程体系进一步优化；更广泛地传播知识，推动教育模式迈入一个全新的发展层次。⑤

李玉认为，MOOC 开创了新的教学及受教模式，这种变革不仅使资源得到了充分利用，在教学模式上更是一种革新。一改以往以教师为中心的受教模式，确

---

① 2013MOOC 白皮书［EB/OL］.（2013-3-5）［2018-01-18］. http：//www.media.edu.cn.

② 老松杨，江小平，老明瑞. 后 IT 时代 MOOC 对高等教育的影响［J］. 高等教育研究学报，2013（3）：7-8.

③ 郝丹，刘莉. 教学改革意识与创新能力的培养和提升（续）第四次"中国远程教育教师论坛"综述［J］. 中国远程教育，2012（8）：7-9.

④ 李青，王涛. MOOC：一种基于连通主义的巨型开放课程模式［J］. 中国远程教育，2012（3）：30-35.

⑤ 王文礼. MOOC 的发展以及其对高等教育的影响［J］. 江苏高教，2013（2）：53-57.

立了学生为受教主体，因而，在教育发展历史上具有里程碑的意义。① 同时，也为个性化教学提供了更为广阔的空间，它满足了不同的学科、不同层次学习者的个性化需求，是因为它可以给学习者提供多层次、递进难度的作业，有效地促进了个性化教学方式的改革。

黎静认为，MOOC 给当前现实教育带来了巨大挑战和压力，教师由原来课程的主导者及策划者一下子变为了课程的协调者及引导者，MOOC 这种授课模式再一次将教师横亘在技术的浪尖，身份转换的困境加之发展方向的迷失，都将对现有教师造成严重的心理及精神压力，使他们不得不寻求新的教学思路和方法。②

桑新民等认为"MOOC"潮流正在引发一场史无前例的革命，是世界高等教育领域的大革命。这场变革具有范围广、影响深的特点。"MOOC"实现了网络教学，标志着大数据时代已经走进了大学课堂。教育也初步实现大数据化，也预示着我国高等教育在学习评价、人才培养及课件开发等模式上将进行史无前例的变革。③

《光明日报》刊文中提到"MOOC 的问世，让大家感受到了颠覆性变革的力量，让大家看到了对教育流程进行根本性再造的曙光"，④《从 OCW 课堂到 MOOC 学堂：学习本源的回归》文中指出 MOOC 为学习者提供了个性化的学习体验和教育服务，以翻转课堂和混合式课程形式融入传统教学，利用学分制与传统教育接轨，实现了从课堂到学堂的教育理念的转变。⑤ 李志民认为，MOOC 加速了高等教育的国际化进程，意味着校园围墙正在被打破，优质教育资源的共享已经成为时代发展的必然，传统意义上的大学职能将会发生颠覆性的变化，教育会

---

① 殷丙山，李玉 . 慕课发展及其对开放大学的启示 [J]. 北京广播电视大学学报，2013 (5)：29-34.

② 黎静 . 在线教育来潮：教师的困境和出路 [J]. 高教探索，2013 (5)：151-155.

③ 桑新民，谢阳斌，杨满福 . "慕课"潮流对大学影响的深层解读与未来展望 [J]. 中国高等教育，2014 (3)：12-15.

④ 尚俊杰 . MOOC：能否颠覆教育流程 [N]. 光明日报，2013-11-18 (16).

⑤ 张振虹，刘文，韩智 . 从 OCW 课堂到 MOOC 学堂：学习本源的回归 [J]. 现代远程教育研究，2013 (3)：22.

超出现有教育范畴，会成为国家文化和软实力输出的重要载体。①

也有少部分的学者认为对 MOOC 应该持理性的态度，这些学者主要分析了 MOOC 的缺陷以及面临的挑战。

李华认为"MOOC"就其整体教育环境及教育方式而言，具有一定的碎片化特征，缺乏传统教育在学术研究及系统教法上的严谨性，由于缺少关联及互动，很难在学生的思维及思想领域发生深层次的碰撞，会间接影响其教学效果。加之 MOOC 模式对学生自身素质有很高的要求，需要学生具有极强的自主学习及自我调节能力。② 同时，由于 MOOC 准入门槛很低，造成其注册率很高，而通过率及完成率皆很低的局面。此外，MOOC 还需要在课程质量、诚信问题、相关适用标准及评估机制上予以完善等。

王文礼认为，MOOC 模式下的教学，容易导致学校的两极分化，会使各方面都很具有优势及实力的学校越来越强，而那些在优势及实力上相对弱的学校会越来越弱。③ 另外，MOOC 模式其教学优势主要体现在理工科范畴，其侧重于计算机评估、网络考试及相关互评，可以说在此方面实用性很强。但对于艺术及相关文科类学科，其相关制度及评估标准并不契合，实用性和可操作性都不是很强。

小阳将"MOOC"与之前的远程教育模式进行了分析及研究，经过对比，他认为 MOOC 提供了免费授课的机会，但对于其授课完成质量并不予认可。"MOOC"只适用于那些自我控制力强、主动学习欲望强烈的学生。④

姜淑慧认为 MOOCs 与 SPOCs 发展也面临共同的问题与质疑，比如，传统课堂中诸如小组讨论和教师面对面交流等种种因素会导致 MOOCs 的失败；MOOCs 转移了教师提高学校教育质量的注意力；MOOCs 将会减少教师的数目和教学方

① 汪瑞林，张春铭 MOOC 的挑战与大学的未来——访教育部科技发展中心主任李志民 [N]. 中国教育报，2013-9-23（3）.

② 李华，龚艺等. 面向 MOOC 的学习管理系统框架设计 [J]. 现代远程教育研究，2013（3）：28-33.

③ 王文礼. MOOC 的发展以及其对高等教育的影响 [J]. 江苏高教，2013（2）：53-57.

④ 小阳. 肯定与质疑："慕课"在基础教育领域的应用 [EB/OL].（2014-2-8）[2018-03-18]. https：//www.xzbu.com/9/view-6144093.htm.

法的多样性等。①

韩冬梅认为 MOOC 有完整的教学过程，适合自主的、碎片化的学习，但其考核评价、学习成果认证的权威性和影响力还极为有限。如何使传统教学与 MOOC 融合，扬长避短，是摆在教育工作者面前的一个崭新的课题。②

③关于 MOOC 的分类和特征研究。关于 MOOC 的分类，有几种不同的说法。李青、王涛认为，严格地说，MOOC 包括联通主义大规模开放网络课程 cMOOC 和美国知名高等学校运用行为主义的方法开发的 xMOOC 两种，二者在教学理念上差异很大，一般媒体上常见的是 xMOOC。其区别是：cMOOC 模型强调创建、创造性、自主性和社会网络学习；xMOOC 模型强调视频演示、小测验、测试等传统的学习方法。换言之，cMOOC 关注知识创造与生成，而 xMOOC 关注知识重复。从具体的实践来看，cMOOC 均是单个课程，由教师个人组织和实施，大学官方机构不参与，而 xMOOC 模式的开放课程基本上以开放课程项目网站的形式运行，每个网站会有数十到上百门课程。在组织机构方面，xMOOC 采用公司化运营形式，有外部资金投入，具有商业化潜力，并且和多所知名高等学校合作。这些规模较大的 MOOC 课程网站为更多学习者提供了开放的学习资源和学习工具，而且它们组织严密、流程规范，无论规模、受益面还是社会影响均远超cMOOC。③

贺斌认为，MOOC 以科目类别的不同可划分为三类，具体是 cMOOC、tMOOC 和 xMOOC 等，三者间的差异主要体现在教学理念上。以 cMOOC 展开的教学以联通主义理论为主导，其知识是以社交或者对话方式获取，认知主义和认知知识是其最具影响力及代表性的课程；以 xMOOC 展开的教学以行为主义理论为主导，其知识是通过讲授方式获得，电路与电子学及人工智能入门是其最具代表性的课程之一；tMOOC 起步于 2012 年，它在课程设置上极为典型，以案例、

① 姜淑慧. MOOCs 与 SPOCs：在线课程发展的不同路径与共同问题 [J]. 远程教育杂志，2014（4）：106-111.
② 韩冬梅. MOOC 环境下课程学习的体验与思考 [J]. 天津电大学报，2014（2）：20-23.
③ 李青，王涛. MOOC：一种基于连通主义的巨型开放课程模式 [J]. 中国远程教育，2012（5）：30-35.

任务学习为主，数字故事就是其极具典型意义的课程之一，对于中国众多学生而言，他们对 xMOOC 相对熟悉些，这是由美国高等学校推出的。这里的"x"是从 MITx 和 EdX 演变而来的（Rodriguez，2013）。xMOOC 是 MOOC 的一种新型发展模式，它包含于 MOOC 这个大概念里，与 cMOOC 和 tMOOC 一样，是 MOOC 具体的教学模式之一。xMOOC 较为先进，对其教学模式实现了自行设计。其中最为常用的模式有翻转课堂及自主学习模式两种。并且对课程索引、推荐及评价功能均予支持，对大数据库海量信息还提供了相关分析功能等，使学习系统的适应性得到了提升。它采用视频、测试与考试类的学习方式，而且 xMOOC 对学习过程和学习结果有及时监管与反馈，它更符合中国学习者的学习习惯。①

关于 MOOC 的特征，李青、王涛认为，从课程本身来说，MOOC 具有如下的特征：具有比较完整的课程结构（课程目标、协调人、话题、时间安排、作业等），这是一般的网络主题没有讨论的；是一种资源和信息均开放且全部通过网络传播的教育形式，没有人数、时间、地点限制；是一种拥有大量参与者的巨型课程，使用海量资源；学习者可以根据自己的习惯和偏好使用多种工具或平台参与学习，学习环境是开放和个性化的；是一种生成式课程，课程初始时仅提供少量预先准备好的学习材料，而学习者更主要是通过对某一领域的话题讨论、组织活动、思考和交流获得知识。②

刘戟锋认为，MOOC 具有鲜明的在线学习特征，它需要学生很强的自主性，网络便利，具有即时及可重复等特性。学习时间要求宽泛，成本投入小，与 OER（即 Open Educational Resources，开放教育资源）及各类公开课在课程设置上有极大区别，MOOC 针对学生学习完成情况予以监控，就犹如传统式课堂授课一样，其完整性体验极为丰富，涵盖了传统授课的所有环节，其中包括学习阶段、作业情况、考试及获得相关证书等。通过 MOOC 网络平台，使得讲授老师及学生之间，学生与学生之间可以产生即时互动。③

① 贺斌.慕课：本质、现状及其展望 [J].江苏教育研究，2014（1）：3-6.

② 李青，王涛.MOOC：一种基于连通主义的巨型开放课程模式 [J].中国远程教育，2012（5）：30-35.

③ 刘戟锋.MOOC：传统型大学面临的新挑战 [N].中国社会科学报，2013-6-26（7）.

彭常明在其硕士学位论文中将 MOOC 模式教学的八种特点分别概括为①：

大规模：具体指参与学习的人数，这是传统教学模式无法比拟的。对于同时参与同门课程学习的学生，不仅来于自世界各地，人数还可能高达数十万人，他们依据自己的兴趣对学习课程予以选择。

开放式：只要具备计算机及网络，懂得最为简单的操作，便可以参与 MOOC 学习，对网上自己需要的资源予以搜索、寻找。

在线性：必须依靠网络这个巨大的服务平台。

系统性：根据学习及教育理论的要求，使其集教育、学习、考核及评价计划于一体，具有极强的系统性及完整性特征。

精练性：MOOC 授课模式对相关知识点予以断点，进行精练加工，使呈现在学生面前的视频时长均为 10—15 分钟，集约高效，便于移动学习和随机学习。

专业性：由大学教授和各学科专家进行授课，集中发挥了学科及专业优势。

互动性：MOOC 强调网络互动和学习互动，因此，设置了极为便捷的互动平台，利用网络实现了学生间、教师间、教师与学生间及与系统的互动。

自主性：MOOC 模式学习需要学生具有极强的自主能力，是一个全模式下自主互动及学习平台。学生自己根据需要对课程进度予以安排，时间及空间极为宽泛，学生完全可以根据自己的实际情况制订符合自己的学习计划。

④MOOC 与在线教育教学改革研究。MOOC 实际上是在线教育的新发展，是一种新型的在线开放教育形式。与传统在线教育相比，它的一个显著特点是更加关注学生的"学"，学生在很大程度上可以通过 MOOC 实现自主个性化学习。所以，MOOC 的发展自然引发了学者对传统在线教育教学改革问题的关注。这方面的研究成果数量仅次于 MOOC 与高等教育改革领域的研究。这个主题里包含了诸如学习活动、学习过程、学习体验、学习效果等与"学习"相关的关键词。进一步的文献分析可知，研究者比较集中地讨论了如何更好地在 MOOC 等在线教育中促进学生实现自主个性化学习。有的研究者提出：MOOC 以学习者为中心，从学习者的兴趣和需求出发，在轻松友好的学习氛围和先进的学习工具支持下，将

---

① 彭常明. 大规模开放式网络课程一般结构与学习案例研究 [D]. 武汉：华中师范大学，2014：5.

获取知识的学习欲望转化为主动汲取并同化知识的学习行为，按需定制个性化学习方案，自发组织学习圈，随时随地展开学习。这种学习方式使得漠视"人"这一学习主体的"异化学习"，回归为学习者可以感受到自由与创造的"快乐学习"；使传统的以"教"为主的"课堂"，发展为以"学"为主的网络在线"学堂"；使学习者、教学者和学习环境各要素在以人为本的原则下相互适应，呈现出开放自由、和谐共生的状态。① 要充分利用 MOOC 用户的多元文化、背景和知识技能，创设富技术、富资源的学习活动，设计适切的脚手架，使 MOOC 学习者在一定的脚手架支持下，进行自主深入的个性化学习。② 还有一些研究者关注了在线教育中学习者的特征、学习过程、学习效果等问题。可见，MOOC 可能会促进以学生的"学"为中心的在线教育教学改革快速发展。③

对 MOOC 理论上的深入探讨，有利于我们厘清 MOOC 的本质，加深对 MOOC 的认识，从而更科学、理性地看待 MOOC 这一新生事物。

2. 关于 MOOC 的应用研究

关于 MOOC 的应用研究集中在技术支持研究，教学模式研究，质量监控、版权、认证研究以及市场运营研究等方面。

（1）关于 MOOC 的平台技术支持的研究。MOOC 的发展与完善离不开现代教育信息技术的支持，鉴于国外 MOOC 平台出现因技术问题导致平台崩溃或课程下线的现象，我国在发展 MOOC 过程中要特别注意技术的创新和使用。

关于 MOOC 提供平台和技术环境等的研究，是国内 MOOC 相关研究中出现最早、最常见的研究主题。侯勇等探讨了如何将非专用资源使用策略引入 MOOC，从而从整体上降低资源租用量。④ 还研究了如何在有限服务资源环境下，

---

① 张振虹等. 从 OCW 课堂到 MOOC 学堂：学习本源的回归 [J]. 现代远程教育研究，2013（3）：22-23.

② 杨玉芹. MOOC 自主个性化学习环境设计的策略研究 [J]. 现代教育技术，2014（7）：12-16.

③ 李亚员. 国内慕课（MOOC）研究现状述评：热点与趋势——基于 2009—2014 年 CNKI 所刊文献关键词的共词可视化分析 [J]. 网络教育与远程教育，2015（7）：55-60.

④ 侯勇等. 大规模在线课程非专用资源预测与查询调度 [J]. 计算机工程与应用，2009（46）：244-248.

采用基于属性选择集成的半监督 EM 算法，为 MOOC 中的大规模查询请求提供满意查询处理。[1] 李华等提出构建基于 LTSA 模型 的 MOOC 学习管理系统框架，认为将学习管理系统和 MOOC 结合存在多方面的优势。[2] 吴淑苹在对 MOOC 进行系统分析的基础上，以云学习环境为切入点，阐述了 MOOC 对云学习环境建设的影响，并提出了 MOOC 模式下的云学习环境框架。[3] 吴维宁选取 Coursera 为案例，从技术、理念、资源共建机制等角度对其进行了分析。[4] 云计算、移动互联网、社交网络、大数据的技术是 MOOC 平台普遍使用的四种主要技术。李逢庆、赵建民在《教学信息化：一场走向在线教育的革命?》提出用云服务解决在线教育平台的技术障碍的思路和方法，文中详细介绍了开放源代码平台、用户与内容的自动聚合平台、学习分析技术嵌入的平台、基于云计算的云服务平台。[5] 顾小清教授在《学习分析：正在浮现中的数据技术》中回顾了学习分析技术的发展脉络，介绍了其关键技术，分析了应用趋向及应用展望，并提出了未来使用过程中面临的问题与挑战。[6] 朱珂等人提出一个应用学习分析技术的自适应学习系统框架，通过对 Sakai 学习平台的二次开发，集成数据分析工具，实现自适应学习系统的各项功能。[7]

这些研究集中在 MOOC 的提供平台和相关技术环境层面，在全部研究中占了较大比重，由此反映了 MOOC 相关研究还较多地停留在技术及其应用的层面。但 MOOC 作为教育领域甚至是社会领域的一个现象，还需要从教与学的层面多一些

---

[1] 侯勇等. 在线课程下的自适应查询调度算法 [J]. 计算机应用, 2010 (4)：1010-1018.

[2] 李华等. 面向 MOOC 的学习管理系统框架设计 [J]. 现代远程教育研究, 2013 (5)：28-33.

[3] 吴淑苹. MOOC 课程模式下云学习环境研究 [J]. 软件导刊, 2013 (3)：191-193.

[4] 吴维宁. 大规模网络开放课程（MOOC）——Coursera 评析 [J]. 黑龙江教育（高教研究与评估）, 2013 (2)：39-41.

[5] 李逢庆, 赵建民. 教学信息化：一场走向在线教育的革命? [J]. 现代远距离教育, 2013 (5)：67-71.

[6] 顾小清, 张进良, 蔡慧英. 学习分析：正在浮现中的数据技术 [J]. 远程教育杂志, 2012 (1)：18-24.

[7] 朱珂, 刘清堂. 基于"学习分析"技术的学习平台开发与应用研究 [J]. 中国电化教育, 2013 (9)：127-131.

关注。

（2）关于 MOOC 的教学模式的研究。学者们从不同的角度对 MOOC 在教学中的应用进行了探讨。邰杨芳将 MOOC 模式作为其研究的基础，将其与传统教学模式进行了对比，对二者的不足及优势进行了分析，认为以 MOOC 模式进行的教学，其实是一种在线授课平台，它将教学服务集授课于一体，是一种授课新模式，即在线课程平台提供在线课程资源和学习服务，课堂教学平台采取"翻转课堂"的教学形式，教学服务平台为课程资源建设和学生学习提供信息资源和嵌入式的服务，用以改善教学效果，提高高等学校教学质量。①

李明华比较了三种 MOOC 教学模式的特点（完全网络授课模式，网络课程+学生自助式面对面互动模式，网络课程+本地大学教授面对面深度参与教学模式），提出 MOOC 未来的教学模式将呈现出多样化的态势。② 汪琼将 MOOC 和高等教育模拟为两条平行线，提出在未来二者可能出现的三种形式：交叉、平行以及重合。③ 樊文强从学习支持的层面出发，运用科学的研究方法，对 MOOC 的优劣势进行深入剖析，并强调应当将学习置于一个平衡的状态。④ 赵寰宇构建了在汉语教学中 MOOC 视频资源的开发和建设。⑤ 邓宏钟等对国内 MOOC 课程体系和课程知识点网络体系进行了构建。⑥ 黄艾等学者根据课堂教学活动以及网络自学模式，创建了"六位、五学"的学习方法。⑦

贾寿迪和杨洋分析了 MOOC 的资源共建机制及其一般运行模式，继而对我国

① 邰杨芳.基于 MOOC 构建高校课程教学新模式［J］.中华医学图书情报杂志，2014（7）：16-20.

② 李明华.MOOCs 革命：独立课程市场形成和高等教育世界市场新格局［J］.开放教育研究，2013（3）：11-18.

③ 汪琼.MOOCs 与现行高校教学融合模式举例［J］.中国教育信息化，2013（11）：14-15.

④ 樊文强.基于关联主义的大规模网络开放课程（MOOC）及其学习支持［J］.远程教育杂志，2012（3）：31-36.

⑤ 赵寰宇.汉语教学"慕课"视频资源的开发与建设［J］.现代交际，2014（1）：201.

⑥ 邓宏钟，李孟军，迟妍，谭思昱."慕课"发展中的问题探讨［J］.科技创新导报，2013（19）：212-215.

⑦ 黄艾，祝志勇.基于慕课的"五学-六位"职教园林专业课程教学改革与实践［J］.职教论坛，2014（12）：75-79.

前期建设的网络精品课程建设中一些关键问题进行了分析，最后结合具体的网络课程建设问题，得出了一些 MOOC 模式对未来我国开放课程建设的一些启示，以期为我国未来开放课程的建设，尤其是精品开放课程的建设提供参考和借鉴，发展中国网络课程建设新思路。①

Inge DE Waard 等将协作学习和知识建构两种理论相结合，通过分析 MOOC 和 mLearning 之间的协同特性，探讨了把 MOOC 作为适应 mLearning 的教学方法的可能。②《面向 MOOC 的学习管理系统框架设计》一文通过描述基于 LTSA 的 MOOC 学习管理系统框架，阐述了学习管理系统与 MOOC 结合的四大优势。③

还有很多学者通过相应的课程个例呈现了 MOOC 的课程应用研究，相关论文有《基于 MOOC 理念的网络信息安全系列课程教学改革》《"翻转课堂"教学模式在思想政治理论课上的实践与思考》《基于翻转课堂的化学实验教学模式及支撑系统研究》等。这些研究对本书梳理当前民办高等学校运用 MOOC 进行学分制探索的几种模式有很大的参考价值。

（3）关于 MOOC 的质量监控、课程认证和学分认可的研究。国内对 MOOC 质量监控的研究还不多，但在一些学术研讨会上已经能听到关注 MOOC 质量监控的声音。与之对应地，对 MOOC 的课程认证和学分认可的探讨，也已经进入了研究者的视野。这一部分研究和实践对于 MOOC 的可持续发展将产生深远影响。李明华（2013）从经济学角度分析了对 MOOC 的认证，他看到，目前对 MOOC 的认证都是基于平台的、非正式的，但是非正式认证的效果往往并不差，有助于让人们看到 MOOC 的来源学校，转而关注提供平台，但对 MOOC 的学分认可也面临各方面的压力。王颖等（2013）也看到了 MOOC 质量监控和认证方面的不足，可能给其持续发展带来障碍。邓宏钟等（2013）同样关注了 MOOC 在质量保证与评估机制等方面的问题。MOOC 的质量监控、课程认证和学分认可等，将影

---

① 贾寿迪，杨洋 . MOOC 模式带给我国开放课程的启示 [J]. 中国教育信息化，2014（5）：6-10.

② Inge DE Waard 等，何伏刚等译 . 探索 MOOCs 教学方法在 mLearning 中的运用 [J]. 中国远程教育，2012（3）：23-28.

③ 李华等 . 面向 MOOCs 的学习管理系统框架设计 [J]. 现代远程教育研究，2013（3）：28-33.

响 MOOC 的可持续发展，因此这一部分即是将来实践者探索的重要内容。

（4）关于 MOOC 的商业运营模式和市场潜力的研究。关于 MOOC 的商业运营模式和市场潜力，相关的研究比较少。但是随着企业元素在 MOOC 发展历程中的出现，MOOC 的商业运营模式和市场潜力将会逐渐成为 MOOC 建设者关心的焦点之一。对相关问题的探讨也许不一定大量出现在学术研究当中，但一定会长期停留在关心 MOOC 的人的视野里。从中文文献来看，有李青等（2013）分析了10 门 MOOC 的运行模式，并以 Coursera、Udacity、EdX 和 P2PU 这四个典型为例，从主要合作伙伴、主要活动、价值主张、客户关系、客户群体、核心资源、渠道、成本构成、收入来源角度详细分析了其运营模式；李明华（2013）探讨了 MOOC 的市场潜力和市场分割，认为目前最有潜力的是外国 MOOC 品牌课程（英文版），而这种英文版 MOOC 的中文本地化版本未来将颇具吸引力。[1]

（5）关于 MOOC 的版权和知识产权的研究。版权和知识产权是网络课程应用过程中必须解决的问题，这不仅维护开发者的自身权益，而且对资源共享也有极大影响。

张冬、郑晓欣在《慕课教育模式的著作权风险探究》中提出，MOOC 教育模式在我国尚处于起步阶段，以著作权为主的知识产权相关争议，阻碍了 MOOC 教育的自身发展。其认为我国有关 MOOC 教育平台教育资源的著作权风险的突出问题主要表现在以下三个方面：高等学校与教师之间关于作品的权属争议、在线生成资源潜在的著作权风险、著作权责任分配显失公平。他们建议审慎处理 MOOC 教育开发与著作权保护之间的冲突，鼓励教育资源的合作获取，平衡私人与社会公众之间著作权利益冲突，合理借鉴国外多元化的建设方式及鼓励 MOOC 教育的商业化知识产权运营。[2]

蒋逸颖、周淑云在《美国大学图书馆 MOOC 版权服务实践与启示》中指出，近年来出现的 MOOC 版权问题主要包括三个方面：MOOC 课程本身的版权归属问题；课程内容资料（包括课外资料）的版权界定问题；课程外的学生互动或在线

---

① 郝丹. 国内 MOOC 研究现状的文献分析［J］. 中国远程教育，2013（11）：42-50.

② 张冬，郑晓欣. 慕课教育模式的著作权风险探究［J］. 贵州师范大学学报（社会科学版），2016（1）：154-160.

作业资料的版权归属问题。并且介绍了斯坦福大学、杜克大学图书馆板块服务的内容和形式，认为我国大学图书馆可以借鉴美国大学图书馆的经验，根据自身特点，制定合理的版权指南，对 MOOC 教学中可能出现的或已经出现的版权问题进行系统整理，并提出一系列解决措施供师生参考，等等。①

谢贵兰在《慕课中美应用差异的四大原因分析》一文中指出，美国对知识产权的保护促进了资源共享，这是慕课得以在美国出现并迅速发展的前提和保障。中国对知识产权保护不够致使人们不太愿意共享资源，这成为制约 MOOC 在中国发展的重要瓶颈。其认为 MOOC 的推广应用急需量多质优的微视频和微课等核心教学资源，有三种方式增强人们的共享意愿：其一，拥有较完善的知识产权法律制度并得以有效实施，这方面还有很长的路要走。其二，互认学分、互相提供在线课程。目前在中国部分高等学校中已开始实施。其三，将发展 MOOC 等在线教育所需要的微视频和微课等核心资源作为一种考核评价指标。

杨满福的《开放教育资源的可持续发展：现状、问题及趋势》、陈耀华的《中外视频公开课对比分析与优化发展研究》等文章也介绍了国内外保护公开课等课程资源版权的通用做法，阐述了保护知识产权与资源开放的关系。

学者们普遍认为对知识产权的重视程度不够高，保护力度不足，无法有效保护权利人的利益，制约了人们的创新激情和共享意愿，也会制约 MOOC 等在线教育形式在中国的发展。

3. 国内关于学分制的研究

学分制在我国是从 20 世纪 80 年代得到重视并开始有步骤推广试行的，我国的学分制研究起步较晚，在 20 世纪末才逐渐展开，但是国内学者对学分制的研究也取得了一定成果，与我国学分制改革相关的研究可分为以下几个方面：

（1）关于国外学分制改革的经验及启示研究。学分制发端于德国的选课制，之后被美国引入并不断发展完善成为比较成熟的学分制。19 世纪初，德国在 20 世纪第一次大学改革运动的基础上开启了由洪堡领导的第二次大学改革运动。作

---

① 蒋逸颖，周淑云. 美国大学图书馆 MOOC 版权服务实践与启示 [J]. 图书馆论坛，2016（2）：121-126.

为现代大学标志的柏林大学在推行选科制的实践教学中清晰地勾勒出当时大学理念的轮廓——自由与个性。推行选科制直接催生了学分制，学分制的诞生地却是19世纪后期的美国。当年美国的高等教育相比改革后的德国大学可谓是望尘莫及，承袭英国古典课程的美国大学在美国第三任总统杰斐逊和时任40年哈佛校长艾略特的推动下，缓慢逐步地接受了选修制，而选修制的大范围铺开则让富有冒险精神和创新意识的美国人发明了学分制——用学分计算学生毕业所需要的学习量以及衡量学生学习效果的统一标准。当然，学分制并非简单地检测计算方法，它的发展与成熟与其说是美国大学逻辑发展的自然结果，不如说是一批卓越的校长不断追求先进大学理念之成果。一波三折的学分制虽然将哈佛大学"像烙饼一样翻了个底儿朝天"，却因为其"简单累积""分而治之""讨好学生"等而备受指责。为此哈佛历届校长如洛厄尔引进英国导师制，科南特推行通识教育以及博克核心课程的开展等都是针对学分制主要问题采取的应对措施。尽管它的先天不足让人诟病，但其蕴含的学术自由和人本主义更让人称道。大学提供的不仅是专业教育，也不仅是个性鲜明、丰富多彩的学科课程，更是将"人"放在最高位置上不断追求真理的学术氛围。学分制扩大了学生选择权，能更为理性而自由地选择自己真正喜爱的课程和心仪的老师，进一步提高高等学校的教学质量。①

我国学者对于国外学分制的研究主要集中在欧美国家，大部分是介绍学分制的实施情况，以及由此得出的对我国高等学校学分制改革的启示。

如覃丽君、陈时见比较了欧美大学的学分制，指出欧洲大学学分制的生成逻辑为外力规约，其动力机制为自上而下推行的具有一定法律效力的政策文本，其运行强调学习负荷量与学习结果；美国大学学分制的生成逻辑为内力驱动，其动力机制为自下而上的美国大众的教育需求，其运行强调教学投入与师生接触时间。②

周建民介绍了美国大学学分制的主要特点，并分析了可资我国借鉴之处：确立学习者本位的教育理念；增加选修课程资源；建立科学的学习成绩评价体系；

---

① 罗匡.解读大学基本理念——从学分制和MOOC的角度（上）[J].教书育人：高教论坛，2016（4）：4-5.

② 覃丽君，陈时见.欧美大学学分制的比较与借鉴[J].教育发展研究，2013（11）：69-73.

不断改善导师制；逐步完善与学分制改革配套的教学内部管理体制；改革学分认定制度。① 苗玉凤考察了美国学分制的发展历程，指出美国学分制是社会经济、文化、管理体制等诸多因素共同作用的产物，对比我国的学分制，发现我国学分制的实施动力主要靠政策推动，会受到思想观念、管理体制等诸多因素的阻碍。她认为学分制改革要取得突破性进展比较困难，改革不是一蹴而就的，需要方方面面的配合来完成。②

日本的学分制有其独特性，有些做法也值得我们参考。吴德为通过对"二战"后日本大学学分制的制定、学分计算、学分制定的依据、毕业及取得学位的学分标准、校际间互相承认学分等内容进行研究，阐明了日本大学学分制的独创性特点，表现为学分制定的整齐划一化；教养教育和专业教育的紧密接合化；学分制应用的灵活化。他指出这些特点对我国大学实施学分制有借鉴意义。③

郑延才从美、日、中三国高等学校学分制发展的历史背景出发，根据不同国情及校情的具体特征，通过对学分制实施模式多样化的比较与评析，指出学分制模式不仅与一个国家经济体制、科技发展以及教育自身的规律密切相关，也与一个国家的传统思想和文化等密切相连，认为其模式的多样化是创造性地运用学分制的必然结果。同时表明了国外学分制改革成功之处将对中国学分制的改善有所启示。④

（2）关于我国大学学分制改革历程的研究。对学分制在我国大学的发展历程进行梳理，是进一步深化学分制改革的基础工作。吴云鹏将中国近代高等学校学分制从欧美引进到不断发展，分为四个不同的阶段："'五四'时期的引进和应用，国民党统治初期选课制的推广和发展，抗日战争时期学分制趋于系统和完

---

①　周建民．美国大学学分制模式的主要特征及启示［J］．东北大学学报，2005（5）：446-450.

②　苗玉凤．美国大学学分制的发展历程及成因分析［J］．现代教育科学，2005（2）：85-87.

③　吴德为．关于日本大学学分制独创性特点的研究［J］．长春大学学报，2006（13）：4-6.

④　郑延年．美、日、中高校学分制模式的比较与评析［J］．比较教育，2006（1）：73-75.

善，国民党统治后期学分制的缓慢发展。"①

胡霞重点分析了自改革开放以来我国高等学校学分制实践的全部历程，将发展阶段划分如下："学分制的试行时期、学分制的逐步推广时期、学分制改革的逐步深入时期和学分制改革的全面发展时期"，并总结了不同阶段的主要特征，最后探讨了我国高等学校学分制改革方向，指出学分制作为我国高等学校的一种主要的教学管理制度，必将因地因校而异。②

陈涛在分析了学分制的起源后，指出从测量计算到契约协议再到资源配置和积累转换，学分制经历了一个不断完善的过程。如今，我国高等学校学分制改革似乎"误入歧途"，究其根源仍在于对学分制本质认识有所偏差。国外对学分制的研究更多聚焦在学分互认和终身学习方面，这将是我国学分制未来发展的新动向。③

学者们从不同的视角对我国大学学分制发展历程进行了分析和解剖，这些研究对进一步深化学分制改革有一定的帮助。

（3）关于我国高校实施学分制改革的制约因素研究。对高等学校实施学分制改革的制约因素进行探讨的较多，多数学者认为，高等学校学分制实施的主要制约因素包括思想观念上对学分制认识不清，对学分制的管理思想和现代高等教育理念缺乏了解，对推行学分制改革的积极性不高，甚至持消极抵触态度；高等学校内部、外部教育管理制度的配套改革跟不上；高等学校教育资源贫乏等。米镝通过比较学分制与学年制的区别，对学分制实施进行了深入的分析，将制约因素概括为"受传统教育思想、教育观念的禁锢，教师习惯学年制下'以教师为中心'的传统教育思想观念，学校领导面对许多客观的复杂问题不愿破除传统的思想观念，持观望态度；高等学校还没有完全自主设置专业、按社会需求招生的办学自主权；高等学校内部环境不成熟，例如选课制改革滞后于学分制改革，高等学校实施学分制的经费、师资条件尚不充分"。④

---

① 吴云鹏. 中国近代高校学分制发展历程述评 [J]. 现代教育科学，2002（1）：22-25.

② 胡霞. 我国高校学分制的实践历程和发展趋势 [J]. 科技资讯，2006（3）：149-150.

③ 陈涛. 再探学分制——学分制的形成、发展、问题及展望 [J]. 现代教育管理，2013（9）：58-62.

④ 米镝. 学分制及其实施的制约因素分析 [J]. 周口师范学院学报，2006（4）：44.

王双梅在对武汉大学学分制改革进行详细实地调查的基础上，梳理我国大学学分制改革的各种影响因素，并进行剖析。文章选取动力因素、阻力因素两条线索，从环境层面、组织层面、个体层面三个层面对影响我国大学学分制改革的因素进行梳理剖析，结合对武大学分制改革情况的调查研究，探寻学分制在我国实施过程中面临的动力和阻力，分析这些动力和阻力背后的深层次原因。其指出从学分制改革的多种动力因素剖析中可看出，大学实行并不断完善学分制已经是高等学校教学管理体制发展的必然趋势。而种种阻力因素又表明，改革的道路任重而道远。这些阻力因素中，有一部分可能很难在短暂的时期内克服，但这不能成为我们拒绝改革的借口。我们要正确认识学分制改革的意义，在对影响改革的因素进行调查、剖析的基础上，继续发挥改革的合理动力因素，逐渐消除阻力因素，不断完善我国大学学分制。[①]

郑纪英认为制约我国高等学校学分制推行的主要因素有以下几点：我国传统文化和教育观对学分制的实施具有阻碍作用；高等学校收费政策、学籍管理制度和就业政策等相关政策配套改革迟缓；教学计划缺乏弹性，课程设置不合理；专业选择要求严格；师资难以满足需求；学生自主能力不足等。[②]

（4）关于我国高校学分制改革过程中的问题及对策研究。对学分制改革过程中出现的问题及对策研究比较多，研究的视角也各有不同。如文开艳认为学分制实施过程中遇到的问题有："高等学校教学资源紧张；学制弹性不足，无法很好地满足学生自己选专业、选学制的需求；师资水平赶不上；学生自主学习能力较低；高等学校自主权不够，学生管理难度加大等。"其从外部条件、课程建设、师资建设、硬件建设、文化建设等方面提出了改革建议。[③]

李桂红则在对我国高等学校实施学分制的现状进行系统分析的基础上，从积极转变教育思想观念、协调政府和高等学校的关系、完善学校内部管理环境、改

---

① 王双梅. 我国大学学分制改革的影响因素分析——以武汉大学为例 [D]. 济宁：曲阜师范大学，2015：18-31.

② 郑纪英. 我国高校实施学分制的制约因素及对策研究 [D]. 南京：南京理工大学，2008：22-28.

③ 文开艳. 我国高校完全学分制实施现状分析与对策研究 [D]. 长沙：湖南师范大学，2007：24-45.

善学分制实施的外部环境和配套条件等几方面提出了完善我国高等学校学分制改革的对策。①

周继香认为目前我国高等学校实施学分制存在管理观念、方式相对滞后；学生选课自由度不大；学生选课具有较大盲目性；学生急功近利，重理论轻实践，重专业轻综合素质等现象。并从加强人事制度改革，建立和健全科学、规范的师资培养制度；建立导师制；完善选课制；实行按学分收费；转变观念，建立和完善教学管理保障体系；增加排课时间；加强考试改革，实行教考分离等方面提出来改进措施。②

鲍传友根据四所高等学校的学分制实施现状调查，从学分分配和计算方面、选课数量和品种方面、教学管理方面、教育资源使用方面、社会劳动人事改革等方面分析了目前高等学校学分制实施过程中存在的问题，并提出了完善学分制改革的建议，即完善选修制度建立合理的学分制课程和教学体系（包括扩大选修课的比例、提高选修课的教学质量活经济、建立双向选择的选课制度提高选课的公平性、建立跨校选课体系实行资源互补等）；加强相关配套制度建设，确保学分制实施有一个良好的内外环境（包括改革社会劳动人事制度、建立和完善包括社会学分认定体系在内的终身教育体制、改革考试管理和教学评价制度、改革管理人员培训制度）；建立与学分制相适应的新的德育模式（包括选课和学分分配中要充分考虑到思想道德教育的重要地位、进一步完善导师制度、密切大学与学生家庭以及其他社区教育机构的联系为学生提供道德实践机会等）。

（5）关于独立学院和民办学院学分制改革问题研究。刘林在其硕士论文中对独立学院学分制问题做了全面研究，分析了独立学院实施学分制的必要性和可行性，揭示了独立学院学分制的特点，探讨了独立学院在实施学分制过程中存在的问题及其成因，认为独立学院在实施学分制过程中存在着选课机制不健全、教学秩序难于管理、师资难以满足需求、学生缺乏主观能动性、考试制度等配套政策落后、缺乏完善的学分互认机制等问题；其指出造成这些问题的主要原因是教育

①　李桂红．我国高校学分制的现状、问题及对策研究［D］．石家庄：河北师范大学，2010：24-45.

②　周继香．关于完善高校学分制管理的思考［J］．高教论坛，2006（5）：171-173.

资源不足、相关配套制度不完善、生源知识背景水平和文化基础差异较大、学分互认机制不完善等。论文对完善独立学院学分制提出了五条建设性的意见，即构建相对独立的教学组织与管理体系；构建特色化的独立学院教育教学资源体系、构建合理的人才培养方案；构建基于自主学习的独立学院学分制体系；探索多途径学分互认机制和收费机制。这些对策中所体现的思路正是本书基于 MOOC 的民办高等学校学分制改革的雏形。

吕静宜结合广州大学华软软件学院多年推行学分制的实践经验，探讨了在独立学院实施学分制的路径与机制，对独立学院成功实施学分制的条件进行了深入分析，认为成功实施学分制，至少具备如下几点：相对稳定、合理的师资队伍；高效的管理信息系统；大量充分的选修课程；充足和完善的教学设施。①

朱正茹认为，目前我国独立学院由于办学资源和办学条件的限制，还很难彻底实施全面学分制，但各学校可以根据自身资源状况和办学条件，选择逐步地推进学分制改革。此外，我国不同层次的独立学院可以根据自身办学条件实行多样化发展，而不是统一的办学模式。②

还有些文章对独立学院学分制下的导师制进行了探讨。如曹十芙、朱翠英等分析了独立学院学分制下实行导师制的必要性与可行性，并对独立学院学分制下导师制的运行模式进行了构建，提出独立学院学分制下导师制运行模式的构建应该包括以下几个体系：导师制目标体系；导师制管理组织体系；导师制制度体系；导师制评价体系等。③

陈新民、周朝成对民办高等学校学分制改革进行了全面的探讨，指出民办高等学校由于自身的一些特点，实施学分制面临着许多困难和挑战，诸如课程体系缺乏综合性，直接影响到满足学生知识自由选择的需求；师资队伍建设的市场机制选择与学分制的要求相矛盾；学科门类相对单一以及师资队伍不稳定导致自身

---

① 吕静宜. 独立学院实施学分制的路径、机制与条件分析 [J]. 高教探索，2013（5）：106-109.

② 朱正茹. J 学院全面学分制下人才培养模式改革研究 [D]. 南京：南京大学，2010：45-59.

③ 曹十芙，朱翠英. 独立学院学分制下导师制探析 [J]. 当代教育论坛，2007（12）：70-71.

的课程资源相对不足；民办高等学校的生源特征：基础相对较差且程度参差不齐严重、学习的主动性不强、学生约束力差，导致学生选课就易避难，凑学分的现象严重。文章还提出了民办高等学校学分制改革的基本路径：转变教育思想和观念是民办高等学校实施学分制的先导；准确定位人才培养目标是实施学分制改革的基本前提；适应学分制改革，制订科学合理的课程结构体系；建立和完善适合学分制要求的教学管理运行机制。

（6）关于运用 MOOC 于学分制改革问题的研究。直接将 MOOC 应用于学分制的研究比较少，仅有的几篇文章简要地探讨了如何将 MOOC 课程应用于高等教育的教学管理中，以推动高等学校的学分制改革。如李宏明、陈坚认为，MOOCs 是以大规模网络化开放课程为基础的在线课程开发模式，许多课程是优秀教学理念、教学方法、教学成果的集中体现。他们指出传统的学分制教学多以校内教师开课为主，课程种类不多，内容质量参差不齐，讲授方式千篇一律，教学效果不甚理想。通过近些年的建设在网络环境下已拥有大量优秀的课程资源，把其中的优秀课程引入高等学校通识教育课堂并给予相应学分，将有效弥补某些专业师资的不足、学生参与效率不高等问题。①

朱学伟、杨伟探讨了 MOOC 自助课程与学分制的特点，认为 MOOC 自助课程具有以下几个特点：不设置具体的学习完成时间；不设定具体的学习班次；授课教师参与率低，学生互动性高；学习时间、地点不受约束。其指出将 MOOC 自助课程与高等学校学分制管理制度相结合，将快速推动着我国学分制改革的发展，对当前高等教育学分制管理制度有如下改进：学习时间、学习地点更加灵活，上课方式更加个性化；减轻教师的工作量，转变教学角色；提高学生学习积极性；培养学生良好的学习习惯，提高自律性和自学能力，推动个性化、人性化教育；有助于缓解师生和教室资源的矛盾；更方便地追踪学生的学习进度。②

王大磊指出，大学应实施"自修 MOOC 学分制"。其分析了大学"自修 MOOC 学分制"在学分认证方面的特点：可用较低廉的价格购买学分；针对"微

---

① 李宏明，陈坚. 基于 MOOCS 的高校学分制教学策略探究 [J]. 台州学院学报，2015（12）：77-80.

② 朱学伟，杨伟. 基于 MOOC 资助课程的高校学分制改革的研究 [J]. 中国现代教育装备，2015（23）：97-99.

专业"课程证书的认证；学习方法、方式优越；课程认证的自由性、自主性、灵活性、开阔性、开放性。其探讨了大学实施"自修 MOOC 学分制"的意义：能真正实现以学生为中心；实现学生网上自主学习；实现学生学习的最大自由；有利于教育的高端化和大众化。最后他提出了我国未来高等教育学分制改革的策略：构建新的学籍管理体系，尽快建立起与学年学费并行的学分学费定价和拨款制度；积极参与国际国内合作，与不同高等学校自发结合形成教育教学联盟；建立新的激励制度，激发教师开发自己的 MOOC 课程；鼓励学生转变传统的学习观念，学习 MOOC 教育理念。①

　　另外，有少数文章探讨了如何将 MOOC 应用于学分制下的专业课程教学，如胡安明、陈惠娥通过阐述 MOOC 相关内容，分析了学分制下 MOOC 资源应用于计算机专业教学的可行性，并进一步阐述了 MOOC 与学分制下计算机专业冷热取向、国际 MOOC 与"中国 MOOC"的计算机课程取向、MOOC 计入学分制的实践取向等一系列问题与建议，总结了学分制下 MOOC 计入计算机专业学分的几点思考：在获取 MOOC 证书的前提下，MOOC 认证可换成大学学分，即把 MOOC 作为计算机专业课程内容的一部分，最后通过线下考试来认证本校学分。在未获取 MOOC 证书的前提下，通过工作室创作，以项目作品的形式参与学校专业评定学分。②

1.2.2　国外相关研究

　　国外相关的理论研究非常丰富，本书分别从国外关于学分制的研究、国外关于 MOOC 的研究两个方面来具体论述。

1. 国外关于学分制的研究

　　随着人类社会的发展，教育逐渐成为人类社会生活中的重要组成部分。就教育形式而言，早期的教育和传艺采取的是"师带徒"的教学方式，既不分学年，

---

①　王大磊. 大学"自修 MOOC 学分制"改革研究 [J]. 教育探索, 2016 (11)：92-95.
②　胡安明，陈惠娥. 学分制下 MOOC 应用于计算机专业的研究 [J]. 价值应用, 2016 (1)：184-185.

也不分班级，虽说其教育效率较低，但在因材施教上也有其特色。1632 年，捷克教育家夸美纽斯提出了采用班级授课制的主张，[1] 在很大程度上提高了教育的效率。然而，班级授课制采用集体授课，统一教学进程和教学材料，任何教师都很难说其真正做到因材施教。到德国教育家洪堡（Humboldt Wilhelm Von，1867—1935 年）提出"学术自由"的概念并率先在柏林大学推行选修制，可以说是人类教育史上的又一次革命，从而引发了全球性的以因材施教为基本教育思想的学分制改革。

作为一种教学管理制度，学分制由艾略特在美国哈佛大学于 19 世纪末首次提出，他主张"智力上适者生存"，认为人的能力、素质等有差异，学校应充分满足和发展每个学生的爱好和特殊才能。他的这些思想为学分制奠定了理论基础。

（1）美国关于学分制研究。目前，美国大部分高等学校采用学分制，各校实行学分制的具体做法存在很大的差异，但仍具有以下共性：

①采用"集中分配式"选课形式，[2] 即要求学生从本系专业课中选取规定的学分数，同时普通基础教育必修课要求学生按有关规定从不同的学科领域中选修课程，从而使选修课有主有从，既保证专业，又扩大知识视野。

②注重基础宽厚，拓宽学生知识面。即大学的普通基础教育课不分系科，共同必修，占总学分的 60%左右，这一点正是美国通才教育的突出表现，有利于学科交叉和横向联系。

③选课自由度大。实际上美国高等学校的必修课所占比例很小，而有选择余地的课程最高的占到总课程的 80%左右。

④教学计划富有弹性。学生可根据自己的兴趣、能力水平等安排个人的学习计划，只要修满规定的最低毕业学分就可毕业，不明确修业年限。

⑤实行双主修制的主辅修制，学生可以跨学科主修课程。美国的学分制颇为灵活，但同时也有许多弊端：课程划分太细，易造成知识割裂；课程开设缺乏严

---

① 夸美纽斯.大教学论［M］.北京：教育科学出版社，1999：42-56.

② 鲍传友.我国高校学分制实施中的问题与对策：来自四所高校的调查研究［J］.黑龙江教育，2005（1）：58-60.

密的系统性，不注重相关课程的衔接；选修比重太大，主修专业狭窄。

美国关于学分制的研究主要包括以下几方面的内容：

①学分制与学位制度的研究。美国的学者普遍关注基于学分制下如何使学位的质量得到更为有效的保证，提出必须采取有效的质量控制措施，使学分制下获得的学位更加"实至名归"。

②学分制下课程设置的研究。在学分制的条件下，各种性质的课程的设置比例，相同专业和不同专业使用学分制的课程的整合度、课程的哲学基础及课程管理等也是美国学者所关心的重要问题。

③远程教育中的学分制研究。伴随计算机网络的普及，学分制在网络远程教育中发挥着重要的作用，但学者更为关心的是这种教育方式下教学过程中的质与量之间的关系。

（2）欧洲关于学分制研究。西欧国家受中世纪古典大学的影响较大，对学生的要求比较严格，只有部分国家实行学分制，而且学分制的形式与美国也不相同。英国只有少数大学实行学分制，称为课程单元制，一个课程单元相当于60—70学时的讲授课或150学时的实验课。有的学校在前两年实行学年制，第三年开始则以积点为计算单位，必修课和选修课的学习总量不得低于20积点。近年来，英国各大学为了适应社会生产和科技发展的需要，逐渐增设了一些选修课，教学计划也开始注重增加灵活性。法国只有在部分综合性大学的本科教育阶段实行学分制，而其独具特色的法国高等专科学校为保证质量一直不实行学分制。德国高等学校一般不采用学分制，很重视考试，以考试保证毕业生质量。

欧洲学者关于学分制的研究目前主要是针对欧盟成立后，如何实现整个欧洲范围内教育资源共享的问题。伴随《马斯特里赫特条约》的签订，欧洲经济一体化进程不断加速，教育上也面临着同样问题。因此学分制的研究中，关于如何跨专业、跨学科、跨学校的学分转换和学分互认就成为学者关注的重点。目前已经形成了较为成熟的学分互认与转换体系。这种方式极大地促进了整个欧洲境内的教育资源利用和共享，促进了高等院校之间的充分交流与合作，对高等学校的学科建设和发展也极为有益。

（3）日本关于学分制研究。日本的高等教育最初完全照搬美国的模式，20世纪中期，开始有了自己的特点。其学分制的研究主要涉及如何将学年制与学分制相结合，扩大课程的覆盖范围，如何通过课程的设置提高学生的基础教育。同时日本对境内的学分互换也是相当重视。韩国的学分制研究主要面向学分制的具体操作层面，例如如何将学分制和计算机信息管理系统相结合等。

日本大学全部采用学分制，在吸取美国学分制的某些优点的基础上，也表现出了其自有的某些特点：规定了在校学习年限，基本无提前毕业的可能；十分重视外语教学；在注重基础教育的同时，比美国更注重专业教育，专业课比重较大；学生选课的自由度相对较小；实行"学分互换制"以便学生在国内外、校内外选修课程。日本的学分制克服了美国学分制的某些弊端，对学生上课时间、听课次数等都做了详细规定，而且无论什么课都必须考试合格才能得到学分。可见，日本的学分制较系统和细致，管理上也比较严格，但也显灵活性不足。

学分制之所以具有旺盛的生命力，是因为它在管理上具有灵活性，能适应科技发展和社会发展的需要，有利于实施因材施教。在未来发展方面，学分制主要呈现以下趋势：

①强调宽基础，通识教育课程有增加的趋势。大学中的基础知识的分量在学分制中应有一定的体现，增加通识教育课程，有利于处理好通才教育与专才教育的关系，同时也是学分制下教育质量得到保证的重要手段。

②增设选修课，增强灵活性。学分制是在选课制的基础上发展起来的，随着科技的发展和新兴学科的不断涌现，各国大学都大量开设选修课，选修课涉及的范围也越来越广。

③学分制与学年制相结合。实际上，学分制与学年制各有优势，又各有不足。完全学分制虽然给学生提供了较大的选择空间，是学习自由的全面体现，但教育家们发现，完全学分制也存在诸多问题，这些问题也只能借鉴学年制的某些因素来解决。

④学分制与导师制相结合。各国教育理论家都已充分意识到，学分制在给予了学生很大的学习自由空间的前提下，如果没有与之配套的本科生导师制，基于学生自身的知识背景和判断能力方面的缺陷，有可能导致知识结构零乱、割裂、分散等问题，因而许多学者认为必须实行学分制与导师制的有机结合，以提高教育教学效益。

　　⑤增强校际合作，实现学分互换制。在校内外甚至国内外的不同高等学校选课已成为学分制的一个重要特征，同时不同教育阶段之间也存在一个如何合理衔接的问题，这都急切呼唤学分互认，这既是保证学分制顺利实施的重要基础，同时也是提高教育资源利用效率和发挥教育资源潜能的重要举措。

　　⑥注重过程管理，完善目标管理。学分制的本质特征是重视目标、面向对象，只要修满最低学分，就应认可其学历和学位。但是，学分制本身的目标管理特征，相对淡化了教学过程的管理。因此，目前各国学分制的改革，已开始认识到这一问题，在完善目标管理的同时，加强过程管理，保证教学质量。

　　目前国外学分制理论研究方面的新动向主要表现在以下三个方面：

　　①关于学分制与学位制度关系的研究。"证书主义"在欧美盛行，是学位而不是学历评价，已经成了进入职业领域的基础，也成了社会上获得优先地位的基础。[①] 针对"证书主义"以及由此带来"学位工厂"的膨胀和劣质学位证书盛行等不良现象，企图从研究学分制与学位制度的关系来缓解这一矛盾。

　　②关于教育教学质量的研究。1974 年，巴巴拉·伯恩（Barbara Brun）总结了学分制的固有的优点和弊端。[②] 20 世纪 80 年代，在美国出现了一系列报告讨论本科教育教学质量问题，对学生成绩与获得学分之间一致性提出了质疑。20世纪 90 年代对这一问题的研究仍在继续。

　　③关于课程的研究。这方面的研究表现在三个方面：关于课程的哲学基础、课程的整合、课程的管理。在课程的哲学基础方面，首先表现为知识社会学的观点和分析方法引入教育研究，权力和文化再生产在课程哲学研究中越来越受到重视；其次表现为课程哲学力图在学生个人需要、社会当代生活需要、学科发展三者之间寻求平衡；最后表现是关于课程改革的权威性问题。[③] 课程整合是近年来课程研究的又一重点。

　　布鲁贝克（Brubacher）和舍勒（John Seiler）认为，学生生活和高等学校的

---

　　① 杨黎明 . 职业院校实施学分制的理论与实践研究 [M]. 北京：高等教育出版社，2003：23-28.

　　② 高文 . 建构主义与教学设计 [J]. 外国教育资料，1998（1）：15-18.

　　③ 王正维，焦艳，唐安 . 课程体系的解构与建构：学分制改革的理论与实践 [J]. 贵阳师范高等专科学校学报（社会科学版），2003（3）：20-35.

教育目标已分成了两个相当明显的部分，因而必须整合。整合的途径在于，学生的生活必须置于高等学校学术活动的中心，课程以及大学生活的其他方面必须与大学生整体的人格发展紧密相连。他们还从融合多元文化的角度提出了课程整合的基本原则和策略。① 至于课程管理，则包括教学目标在课程中的落实（即课程设置是否体现了教学目标），以及学生实际的选课行为是否达到了预期目标。

2. 国外关于 MOOC 的研究

2012 年被称为"MOOC"元年，自此以后 MOOC 的发展迅速，有关 MOOC 的研究越来越多，这里主要从两个方面对有关研究进行梳理，一是关于 MOOC 本身状况的研究；二是 MOOC 对高等教育的影响研究。

（1）对于 MOOC 本身的研究。国外关于 MOOC 的研究主要体现为以下两个方面：

①MOOC 的质量监控、课程认证和学分认可。许多学者对 MOOC 如何保证课程质量和进行学分认可进行了研究，并提出了自己的建议，但是研究还不够充分，仍存在一些有争议的地方，如 MOOC 的低完成率是否应该关注等。

Carey（2012）等认为 MOOC 将会重建高等教育的实现形式，并且简要概述了麻省理工大学、哈佛大学和斯坦福大学提供的 MOOC 课程，认为大学必须找到为 MOOC 参加者提供学分认证的方式，提出收取少量的考试费用来换取学分认证。②

Roth（2013）认为关注 MOOC 的低完成率是错误的，因为学生参加 MOOC 课程是为了丰富自己而不是为了获得学分，而且学生们在网上针对某些问题进行讨论，是 MOOC 最有价值的地方。③

Duflo（2014）认为 MOOC 给大规模的学生提供了高质量的教育，但是存在

---

① 毕淑芝，王义高．当今世界教育思潮［M］．北京：人民教育出版社，1999：20.

② Carey K. Into the Future with MOOCs［J］. Chronicle of Higher Education, 2012, 46（2）: 21-25.

③ Roth M S. My Modern Experience Teaching aMOOC［J］. Chronicle of Higher Education, 2013, 59（34）: B18-B21.

着完成率低的问题，MOOC 的无组织性是其完成率低的原因之一，完成率低也与人口学特征、完成课程的动机以及能力有关。①

Jordan（2014）研究了 MOOC 的注册入学率和课程完成率的详细比例趋势。②

②MOOC 的商业运营模式和市场潜力。MOOC 的商业运营模式还处在探索中，没有形成成熟的商业模式，目前的商业运营模式能否持续受到质疑。

Pence（2013）认为 MOOC 尽管没有成熟的商业运营模式以及学生的流失率很高，但是它依然是高等教育的困扰，它可能不会解决高等教育所面临的问题或者它可能只是一种现象，但是它目前确实在推动高等教育发展更为便捷和有用的模式来满足学生的潜在需求。③

Vander Mey（2013）认为尽管 MOOC 学习的三大平台 Coursera、EdX 和 Udacity 在提供具有证书认证的课程方面取得了一定的成功，但是商业模式的可持续性仍存在一些问题。④

（2）MOOC 对高等教育影响的研究。国外关于 MOOC 对高等教育的影响研究主要体现为以下三个方面：

①MOOC 对大学职能的影响。许多研究认为大学的教学和研究职能会因为 MOOC 而改变，虽然 MOOC 对高等教育影响很大，但 MOOC 最终不会取代学院和大学。

Dennis 认为 MOOC 不会取代学院和大学。他们只是一个补充，并不能取代传统的高等教育。MOOC 有潜力解决高等教育面临的一些重大问题，包括不可持续的成本问题、难以管理的学生债务、大学入学率、停滞的毕业率，以及来自其他

---

① Duflo BAVB.（Dis）Organization and Success in an Economics MOOC［J］. American Economic Review, 2014, 104（5）: 514-518.

② Jordan K. Initial Trends in Enrolment and Completion of Massive Open Online Courses［J］. International Review of Research in Open & Distance Learning, 2014, 15（1）: 133-159.

③ Pence H E. Are MOOCs a Solution or a Symptom?［J］. Journal of Educational Technology Systems, 2013, 42（2）: 121-132.

④ Vandermey A. Why Online Education Won't Kill Your Campus［Z］. Fortune Com, 2013: 1.

国家的激烈竞争。①

Waldrop（2013）认为 MOOC 能够记录在网上学习的每一位学生的鼠标点击情况，产生的大数据拥有改变教育研究的能力，进而能够改善未来教学状况。②

Beeker（2013）探讨了大学图书馆在 MOOC 传播中所扮演的角色。③

Stewart（2013）认为 MOOC 改变了大学作为知识的传播者和证书的授予者的社会角色，MOOC 这种参与式的文化可能带来意想不到的结果和开放性。④

Yeager（2013）探讨了 MOOC 的长处和弱点，并且探讨了 MOOC 对高等学校图书馆的影响以及图书馆员如何应对它。⑤

②MOOC 对高等教育国际化的影响。许多学者认为 MOOC 会使世界各地的人们都能接受到高质量的教育，并能最终提高全球的高等教育质量。

Skiba（2012）认为 MOOC 能够使整个世界扁平化，如同 Udacity 创建者 Thrun 提到的 MOOC 给了非传统学习者一些学习的机会，即使有上千名学生在听课，学生也能有真切的一对一的学习体验。⑥

Adams（2012）探讨了 MOOC 对美国高等教育体系的潜在影响，同时探讨了在未来 MOOC 取代昂贵的大学教育的可能性。⑦

Hyman（2012）论述了 MOOC 在高等教育成本不断上升的美国的日益流行，并指出 MOOC 使发展中国家获益，有助于消除高等教育质量的鸿沟。⑧

---

①　Dennis M. The Impact of MOOCs on Higher Education［J］. College and University，2012，88（2）：24-30.

②　Waldrop M M. Online Learning：Campus 2. 0［J］. Nature，2013，495（7440）：160-163.

③　Becker B W. Connecting MOOCs and Library Services［J］. Behavioral & Social Sciences Librarian，2013，32（2）：135-138.

④　Stewart B. Massiveness+ Openness＝New Literacies of Participation?［J］. Journal of Online Learning & Teaching，2013，9（2）：228-238.

⑤　Yeager C，Hurley-Dasgupta B，Bliss C A. Cmoocs and Global Learning：An Authentic Alternative［J］. Journal of Asynchronous Learning Networks，2013，17（2）：133-147.

⑥　Skiba D J. Disruption in Higher Education：Massively Open Online Courses MOOCs［J］. Nursing Education Perspectives，2012，33（6）：416-417.

⑦　Adams S. Step Forward for New Higher Education Model［Z］. 2012，35.

⑧　Hyman P. In the Year of Disruptive Education［J］. Communications of the ACM，2012，55（12）：20-22.

McCully（2012）认为 MOOC 使全球各个角落的每一个人都能上网学习知识，MOOC 是最好的技术发展和知识发展的形式，没有其他的系统比 MOOC 拥有如此大的能力。①

Nkuyubwatsi（2012）认为 MOOC 有助于提高全球范围内高等教育的质量，特别是卢旺达这个国家的高等教育质量。②

Shirky（2013）认为 MOOC 有助于面临财政问题的美国的学院和大学转型。③

③MOOC 对教育教学的影响。许多研究认为 MOOC 会使传统的教师教的方式和学生学的方式发生改变，推动传统教学方式的变革，但是有关 MOOC 对教学方式影响的系统研究还比较少。

G. Martin（2012）认为正如我们知道的现代大学是一个收藏了很多课程的巨大生态系统，在大学里学习有很多其他的价值，如学生能从彼此间的亲密接触中获得很多启发，在大学里学生也能真正去实验室去做实验。④ MOOC 对于一般的大型的讲座确实是一个不错的替代品，但不是最好的选择。在追求效率的过程中，我们要比现在做得更好，至少我们能利用 MOOC 创造一个成功的翻转课堂（翻转课堂是由英语"Flipped Class Model"翻译过来的，一般是学生在家通过观看教学视频等形式提前学习完新的知识，在课堂上的主要任务是师生之间针对一些疑难问题进行讨论、答疑，这样的课堂师生互动性比较强）。

Skiba（2012）认为 MOOC 是一个提供学习者之间协作和进行社会参与的学习的模型。⑤

Mackness 等（2013）认为在大规模在线开放课上众多的学习者中，大部分

①　Mccully G. "University Unbound" Rebounds：Can MOOCs "Educate" as Well as Train？[J]. New England Journal of Higher Education，2012，25（2）：20-23.

②　Nkuyubwatsi B. Evaluation of Massive Open Online Courses（MOOCs）From the Learner's Perspective [J]. Proceedings of the International Conference on e-Learning，2013：340-346.

③　Shirky C. MOOCs and Economic Real Ity [J]. Chronicle of Higher Education，2013，59（42）：B2.

④　G. Martin F. Editorial：Online Tide [R]. Charleston Gazette，The（WV），2013：149.

⑤　Skiba D J. Disruption in Higher Education：Massively Open Online Courses MOOCs [J]. Nursing Education Perspectives，2012，33（6）：416-417.

人注册不是为了认证或者他们可能没有完全正式的注册，这需要在教学方式上进行改变。教师和每一位参加者不再有一对一的学习关系，以至于一些大规模在线开放课程需要志愿者去指导 MOOC 参加者的学习，但是会相应地出现评价反馈的质量问题，同学评价也同样存在这样的问题。①

Voss（2013）认为信息技术不仅会应用在自动化教学和学习上，而且也会有助于教育学的发展。②

1.2.3　文献述评

由以上梳理可以看出，国内外学者对 MOOC 和学分制问题进行了深入的研究，已经取得了较为丰富的研究成果，这些成果为本书提供了丰富的文献基础，有助于我们更加全面客观地认识 MOOC 和学分制关系问题。他们的研究对本书的参考作用主要体现在以下几个方面：

第一，在 MOOC 的理论方面，这些学者做了大量的、充分的研究，为本书提供了丰富的理论基础。理论是对实践的高度凝练，同时也可以为实践提供重要的指导和引领。没有理论的实践必然是盲目的和模糊的实践，这种没有理论指导的实践必然会产生众多的负面效果。MOOC 理论的研究无疑为我国高等学校特别是民办高等学校的学分制建设和课程建设提供了明确的努力方向，有利于提高高等学校的课程建设质量。对于本书来说，已有的 MOOC 理论研究对 MOOC 的内涵、特征、发展、应用、影响与启示以及本土化发展的相关问题进行了广泛而深入的探讨，这些研究对于我们厘清 MOOC 的本质、弄清 MOOC 的来龙去脉并把握其发展中最突出的特点有很大的帮助，所以，这些探讨为本书奠定了牢固的理论基础。

第二，关于 MOOC 的应用方面，现有的研究主要集中在技术支持研究，教学模式研究，质量监控、评价、版权、认证研究以及市场运营研究等方面。MOOC 的出现与现代信息技术有着不可分割的联系，MOOC 是现代信息技术在学校教育

---

① Mackness J, Waite M, Roberts G, et al. Learning in a Small, Task-Oriented, Connectivist MOOC: Pedagogical Issues and Implications for Higher Education [J]. International Review of Research in Open &Distance Learning, 2013, 14 (4): 140-159.

② Voss B D. MOOCs: Get in the Game [J]. Educause Review, 2013, 48 (1): 58-59.

教学活动中的具体应用。因而，对于 MOOC 的应用研究也必然会引发关于高等学校教育教学理念变革的研究，正因为如此，人们对于 MOOC 的关注热情持续升温。这些研究对于本书探讨民办高等学校实施学分制存在哪些模式、民办高等学校如何运用 MOOC 这一现代教学手段进行学分制方案设计，以及如何构建其保障机制等都有重要的参考价值。

第三，关于学分制改革的相关研究比较系统，为本书奠定了坚实的研究基础。现有的研究对学分制的内涵和发展，国外学分制改革的经验及对我国的启示，我国大学学分制改革的发展历程，我国高等学校实施学分制改革的制约因素，我国高等学校学分制改革过程中的问题及对策，独立学院和民办学院学分制改革中存在的问题，运用 MOOC 实施学分制改革的问题等方面进行了较为系统的研究。这些研究对于我们弄清学分制的本质，探讨民办高等学校运用 MOOC 实施学分制改革的必要性和可能性，设计出具有可操作性的基于 MOOC 的民办高等学校学分制方案有着重要的启示。

国内外关于 MOOC 及学分制的相关研究为本书基于 MOOC 视域下的民办高等学校学分制方案设计研究打下了良好的基础，开阔了本书的思路。但是已有的研究中，宏观研究有余，微观研究不足。现有的研究多集中于对 MOOC 及学分制的内涵、特征和作用等方面的宏观研究，而对如何将二者结合，即对如何将 MOOC 应用于学分制改革，并提出可供操作性的学分制实施方案的研究不足。现有的研究中直接将 MOOC 应用于学分制的研究比较少，仅有的为数不多的文献只是简要地探讨了如何将 MOOC 引进到高等教育的教学管理中，以推动高等学校的学分制改革。对于如何将 MOOC 运用于学分制方案设计特别是民办高等学校的学分制方案设计中，制订出具有可操作性的实施方案，涉及甚少。

具体来说，现有的研究在以下几方面还需要继续加强：MOOC 对民办高等学校实施学分制有哪些作用或优势？运用 MOOC 于民办高等学校学分制方案设计有哪些模式？如何设计出可供操作的基于 MOOC 的民办高等学校学分制实施方案？等等，这些需要我们继续加强研究，这也就为本书留下了足够的研究空间。

1.3　研究思路与研究方法

1.3.1　研究思路

高校学分制改革是困扰我国高等教育质量提升的瓶颈，目前发达国家的高等学校大多数已实行了学分制。我国从 1978 年开始恢复学分制试点至今已 40 多年，虽然学分制改革取得了一定的进展，但总体上看，我国高校的学分制改革还有很长的路要走。

民办高校由于种种历史原因，实行学分制面临着师资不足、教学资源匮乏等更多的困难，如何借助信息化手段，充分利用 MOOC 这一现代化教学手段，解决民办高等学校实施学分制面临的问题是值得我们深入研究的问题。

本书旨在在深入探讨 MOOC 和学分制特点的基础上，分析当前民办高等学校实施学分制的现状并剖析其存在的问题和困境，阐释 MOOC 对于推动民办高等学校学分制改革的作用和影响，并结合武汉某民办高等学校实际情况探索民办高等学校如何利用 MOOC 进行学分制方案设计，即构建基于 MOOC 的民办高等学校学分制设计方案，并提出基于 MOOC 的民办高等学校学分制方案实施的保障策略，包括经费保障、制度保障、网络等后期服务和管理保障等，从而为民办高校的学分制改革提供参考。

1.3.2　研究方法

本书采用了以下几种研究方法：

（1）文献研究法。文献研究法是针对所研究的对象，对相关联的文献进行系统搜集、鉴别、整理、总结和归纳，了解所研究问题的研究现状，提炼出相关的研究结论，找寻研究对象的本质属性，从而确定研究定位，合理制定研究框架的一种科学方法。本书主要通过 CNKI、万方、维普、独秀、超星数字图书馆等中文学术文献数据库获得国内的相关文献。国外文献主要通过 SCI 科学引文数据库、Springer 数据库以及 Google 搜索引擎来获得。通过资料搜集当前关于学分制以及 MOOC 的研究现状，了解前人关于民办高校学分制的研究情况，分析前人研究的不足之处，从而进一步明确本书的研究目的和价值，更加全面深刻地理解基于 MOOC 的民办高校学分制方案设计的内在逻辑，真正使本书的研究具有坚实的研究根基。

（2）案例分析法。案例分析法，又称个案研究法。主要是通过呈现实际生活中的案例，并对其进行分析，以达到对某个观点或理论深入理解的目的。它实际上是一种理论联系实际的方法。① 众所周知，理论来源于实践，并反过来指导实践。案例研究的对象虽然是具体的、单一的，但是基于我国高等学校的计划性特征（在长期的计划经济的影响下，我国高等学校具有非常强的同质性，即一个学校存在的问题在其他高等学校也可能同样存在），对某个高等学校的个案开展研究以及研究所产生的结论却具有一定的普遍性，对于同类高等学校具有很强的借鉴价值。因此，案例分析研究对于我国高等教育研究具有特别重要的现实价值。所以，在本书的研究过程中，我们始终注意相关理论的实际应用情况及其表现形式，以中部地区某民办高等学校为例，设计基于 MOOC 的学分制方案，为相关理论提供实践参考，也可以通过对这些实证资料的梳理为后人的相关研究提供素材，更重要的是我们所研究的结论也可以为同类型高等学校提供借鉴。

（3）调查访谈法。调查访谈法是通过有目的地与调查对象直接交谈来获取信息材料的方法。为了解目前高等学校学分制改革存在的问题，以及民办高等学校师生对 MOOC 的认知，本书将对中部 4 所民办高等学校的部分教师、教学管理人员以及后勤管理人员等相关人员进行访谈和调查，以期为本书提供参考和依据。调查访谈法是发现问题最有效的研究方法，通过这种方法不仅可以发现我们所要研究的问题，而且在访谈调查的过程中，也可以发现问题产生的原因，同时，在与访谈对象的交流过程中获得研究的灵感、拓宽研究视野。基于 MOOC 的民办高等学校学分制建设是一个人们较少关注的领域，理论研究者如果不开展深入的调查和访谈，就难以把握准确的问题及其原因所在。

中部地区的民办高等学校在全国的民办高等学校中有较大的影响，通过几十年的建设和发展，积累了较多的办学经验。这些民办高等学校在学分制建设方面

---

① 张守宇 . MOOC 风暴中的高校本科教学改革研究 ［D］. 郑州：河南大学，2015：7.

也做了大量的探索，结合 MOOC 如何完善现有的学分制，这些学校也都面临着不少困境。通过调研和访谈，必然可以发现许多值得探讨的问题，对这些问题进行深入分析和研究，必将有助于我们设计出完善的具有民办高等学校特色的基于 MOOC 的学分制方案。

（4）网络学习法。网络学习法是一种利用网络进行学习的新模式和新生态。网络学习具有以下特点：第一，网络学习的广阔性。网络世界里，各种需要学习的东西是无所不包，无奇不有的，是一个任何人都可以自由采掘的富矿。第二，学习的公平性。网络是一种天然的民主的载体，最适宜公平正义的传播。网络学习中，对于学习的权利和机会是平等的，不存在厚此薄彼。第三，网络学习的互动性。网络学习本质上是一种活学习，没有刻板性，没有孤独和寂寞感。人只有在交流的状态下学习才是富有生气和卓有成效的。而对于学习而言，就是一个学习的源动力问题。调动人和被人调动，有集聚也有释放，学习才能有动力。网络的学习生动活泼，充满了人与人的交流，更像是一种学习的游戏，让你在享受快乐的过程中收获知识和经验。第四，网络学习的自由伸展性。人对自由的追求是天生的，也是执着的，更是神圣的。学习的自由，从某种程度上讲，就是学习的生命。不自由地学习，就没有生气，就会在学习中扼杀学习。网络学习则从根本上避免了这一点。一切都是以人为本，因人而异，为了人的自由和全面发展。网络学习则是舒服式的学习，是自助型的学习，都是要服务于人的。第五，网络学习的精服务特点。网络背后还是人，就是网络的各种主办方和运营商、广告商等一批网络经营的精英人士。为了吸引更多的人去网站学习，他们想方设法研究人的心理和各种需求，专心做好相关的服务。因此，网络上对于学习资源的收集、内容的整理、专题的设计、获取的方式，等等，都要比个人更海量、更专业和更及时。

依据网络学习的特点进行 MOOC 课程的设计和教学，是民办高等学校基于 MOOC 的学分制方案设计的基本要求。本书将严格遵守这一要求在设计基于 MOOC 的学分制方案时，注重学生学习的广阔性、互动性、自由性和精服务。

1.4　研究的重点、难点和创新点

1.4.1　研究的重点

本书的重点是，在分析 MOOC 和学分制的特点以及一系列理论的基础上，着重了解民办高等学校实施学分制面临的问题和困难，提出 MOOC 视域下民办高等学校学分制设计方案，从而为民办高等学校的学分制改革开拓新的视野。

1.4.2　研究的难点

本书研究的难点有两个：（1）如何制定一个基于 MOOC 的适合民办高等学校特点的学分制方案。目前有少数民办高等学校在试行将部分 MOOC 课程纳入学分，但是，还没有人从理论上探讨如何设置基于 MOOC 的学分制方案，因此可参照的方案较少。（2）由于民办高等学校的特殊性，对民办高等学校的调查和访谈，很多高等学校不愿意披露自己的真实情况，因此了解民办高等学校实施学分制的真实现状有一定的难度，部分问卷的有效性受到了限制。

1.4.3　研究的创新点

本书的主要创新之处体现在以下三点：

（1）研究视角的创新。以 MOOC 这一先进的教学手段为切入点对民办高等学校学分制方案设计进行研究，构建民办高等学校学分制方案设计的全新模式和路径，这为探索民办高等学校学分制改革的新路子拓展了视野。在我国，民办高等学校作为一种新生事物，都面临着办学历史短、办学经验不足等一系列困境。其中学分制改革和完善更是最为艰巨的任务，虽然不少民办高等学校对学分制改革充满热情，但是其探索的艰巨性可想而知。在难以直接获取前人经验的基础上对基于 MOOC 的民办高等学校学分制建设开展研究，其视角的创新性显而易见。

（2）研究内容的创新。本书以尔雅网络通识教育平台为依托，设计出 MOOC 视域下的民办高等学校学分制方案，这对创新民办高等学校的教学模式及人才培养方式具有开拓性意义。该方案相对于传统的学年学分制方案来说，更加新颖、科学、丰富、高效，该方案的实施对提高民办高等学校的教学质量，促进教育资源的共享，促进民办高等学校学生个性自由全面的发展有着重要的意义。学分制改革涉及学校工作的方方面面，是一项系统性较强的工作，其中涉及教育教学理念的转变、教学制度改革、师资队伍建设、学生学习评价、课堂资源建设、教学经费的合理分配、组织机构建设等方面。本书试图以 MOOC 视域下的学分制建设为突破口，对于民办高等学校上述诸多方面的改革和建设进行科学设计。这些设计与现行的高等学校学分制方案相比具有一定的新颖性和独特性，因而本书在内容上具有创新性。

（3）研究方法的创新。本书运用网络学习法，依据网络学习的特点进行 MOOC 课程的设计和教学，注重学生学习的广阔性、互动性、自由性和精准服务性，从而凸显了基于 MOOC 的学分制方案的优越性。MOOC 课程的教育教学与传统的课堂教学相比具有许多独特性，我们不能简单搬用传统课堂教学模式来开展 MOOC 教学。这就需要我们深入研究加以厘清，探索 MOOC 的特点，依据 MOOC 的特点，设计 MOOC 课程的学习，因此，运用网络学习方法设计民办高校的学分制方案是研究方法上的一种创新。

2　相关概念解析及研究的理论基础

在开展本书研究的过程中，涉及一系列概念，而对这些概念进行归纳和梳理，特别是对本书中涉及的现象进行分析的时候，需要我们建立较为坚实的理论基础。进行基于 MOOC 的民办高等学校学分制方案设计研究，有必要厘清研究所涉及的相关概念，阐明其理论依据。本书将运用多元智能理论、公共产品理论和网络学习环境理论等对我国民办高等学校运用 MOOC 开展学分制建设进行系统的研究。

2.1　相关概念解析

本书涉及的相关概念有：MOOC、民办高等学校、学分制、学分制方案等一系列概念。为了能够更好地达成本书的目标，本书在前人研究的基础上对这些概念做了一定的分析和归纳，形成自己的见解。

2.1.1　MOOC 的定义

慕课（MOOC）指"大规模的网络开放课程"，也称为"大规模公开线上课程"。MOOC 是 Massive（大规模的）、Open（开放的）、Online（在线的）、Course（课程）四个词的缩写，其实质是低成本、精品化、生成式、可广泛共享的在线微课程。其基本理念是把世界上最优质的教育资源传播到地球的每一个角落。①

MOOC 这一概念是 2008 年由加拿大爱德华王子岛大学网络传播与创新主任

---

① 李亚员．国内慕课（MOOC）研究现状述评：热点与趋势——基于 2009—2014 年 CNKI 所刊文献关键词的共词可视化分析 ［J］．网络教育与远程教育，2015（7）：55.

Dave Cormier 与国家人文教育技术应用研究院高级研究员 Bryan Alexander 首先提出的。2011 年秋，斯坦福大学的 Sebastian Thrun 与 Peter Norvig 教授在网上开设了《人工智能导论》课程，吸引了来自世界上 190 多个国家的 16 万学生注册学习，这是第一门真正意义上的 MOOC。①

牛津词典中将 MOOC 定义为一种"以互联网为媒介，可以被大量人免费访问学习，只要通过网络注册就可以访问"的学习方式。② MOOC 是大规模的在线开放式学习课程。"大规模"是指参与学习的人数众多；"在线"指通过网络平台进行学习；"开放"指免费使用；"课程"指学习资源，它一改以往视频的胡乱堆砌现象，进行了相关体系、学科及进程的优化及安排。MOOC 的大规模、开放和在线的特点，为自主学习者提供了方便灵活的学习机会和广阔的空间。2012 年被称为 MOOCs 元年，国外最主流的三大 MOOC 平台 Udacity、Coursera、edX 相继建立，由此拉开了 MOOC 席卷世界的浪潮。③

MOOC 以学习者为中心，从学习者兴趣和需求出发，在轻松友好的学习氛围和先进的学习工具支持下，将获取知识的学习欲望转化为主动汲取并同化知识的学习行为，按需定制个性化学习方案，自发组织学习圈，随时随地展开学习。这种学习方式使得漠视"人"这一学习主体的"异化学习"，回归为学习者可以感受到自由与创造的"快乐学习"；使传统的以"教"为主的"课堂"，发展为以"学"为主的网络在线"学堂"；使学习者、教学者和学习环境各要素在以人为本的原则下相互适应，呈现出开放自由、和谐共生的状态。④ 因此，MOOC 使传统的教学理念、教学模式发生了颠覆性的革命。

本书认为，MOOC 是指大规模的网络开放课程，MOOC 不仅仅是一种课程资源和学习资源，也可以理解为一种教学模式和方式，还可以理解为一种教学理

---

① 徐永顺. MOOCs 的研究综述及对我国高等教育的启示 [J]. 现代远距离教育，2014 (3)：8.

② 于爱华. MOOC 时代背景下的图书馆服务模式创新研究 [J]. 图书馆学研究，2014 (21)：81-85.

③ 徐永顺. MOOCs 的研究综述及对我国高等教育的启示 [J]. 现代远距离教育，2014 (3)：8.

④ 张振虹等. 从 OCW 课堂到 MOOC 学堂：学习本源的回归 [J]. 现代远程教育研究，2013 (3)：22-23.

念。MOOC 是影响未来高等教育发展的关键技术之一。MOOC 的出现必将引领网络信息时代教育思想、教育理念和教学模式的一场革命。

2.1.2 民办高校的概念

目前，对于民办高校概念的界定普遍依照国家相关法律规定来阐释。

1993 年原国家教委颁布的《民办高等学校设置暂行规定》第 2 条指出："本规定所称民办高等学校，系指除国家机关和国有企事业组织以外的各种社会组织以及公民个人，自筹资金，依照本规定设立的实施高等学历教育的教育机构"，"民办高校"这一概念在此首次出现。①

1995 年 3 月 18 日第八届全国人民代表大会第三次会议通过的《中华人民共和国教育法》第 25 条规定："民办高校指由企事业组织、社会团体及其他社会组织和公民个人利用非国家财政性教育经费，依照国家和本市教育行政部门制定的高等学校的设置标准，面向社会举办的实施高等学历教育的学校或实施高等非学历教育的教育机构，是社会主义教育事业的重要组成部分。"这一规定中把实施高等非学历教育的教育机构也纳入民办高校的范畴。

2002 年第九届全国人民代表大会常务委员会第三十一次会议通过的《中华人民共和国民办教育促进法》第 2 条指出："国家机构以外的社会组织或个人，利用非国家财政性经费，面向社会举办学校及其他教育机构的活动，适用本法。"这一法律规定界定了民办教育的基本内涵和特征。

根据以上法规，本书将民办高校界定为：由企事业组织、社会团体及其他社会组织和公民个人，利用非国家财政性教育经费，依照国家和当地教育行政部门制定的高等学校的设置标准，面向社会举办的实施国家承认的高等学历教育的学校，亦可称为民办普通高等学校。

民办高校分营利性民办高校和非营利性民办高校。非营利性民办高校不以营利为目的，学校盈余只能用于民办高校再发展。营利性民办高校一般由企事业组织、社会团体及公民个人举办，举办者对所办学校拥有所有权，并获取全部利

---

① 戴家隽，贲智勤. 民办高校教学质量管理研究综述［J］. 南通大学学报（教育科学版），2008（2）：63-64.

润。本书研究中的民办高校既包括营利性民办高校又包括非营利性民办高校。

民办高校具有自主性、灵活性和个性化的特点。民办高校的办学主体主要是社会组织和个人,独立于政府机构,在法律范围内可自行筹备、自主使用和管理基础经费,且可以自主决定招生的指标和质量,对教师的选取和录用与政府机关无关。此外,其对于教材的选用和教学大纲的设定完全受自己支配。而办学的灵活性主要体现为:办学策略灵活、筹备经费方式形式多样、招生标准灵活有弹性等。

2.1.3 学分制及其相关概念的界定

1. 学年制

"学年制"也称"学年学时制",《中国大百科全书》对学年制的定义是:"高等学校以读满规定的学习时数和学年、考试合格为毕业标准的一种教学管理制度。"《教育管理辞典》的定义是:"学籍管理中以年为时间单位计算学业成绩的一种教学管理制度。"

作为一种传统的教学管理制度,学年制的历史十分久远,欧洲中世纪大学例如意大利的博诺尼亚大学(University of Bologna)、法国的巴黎大学(Université de Paris)、英国的牛津大学(The University of Oxford)和剑桥大学(University of Cambridge)以及西班牙萨拉曼卡大学(Universidad De Salamanca)当年实行的都是学年制,直至1894年哈佛大学实施学分制为止,总共持续了800多年的历史。由于欧洲中世纪的这些大学历史悠久、办学质量高,在世界高等教育界具有极高的学术威望和影响力(其中博诺尼亚大学、巴黎大学、牛津大学和萨拉曼卡被称为"欧洲大学之母"),因而其实行的学年制也就被长期保留至今(并非世界各国所有高等学校都实行学分制)。

学年制是一种传统的教学管理制度,学年制以在规定的学年内完成规定的所有课程并且以考试合格作为准予毕业的标准。学年制的特点是"所有的学生按同样的时间、同样的进度学习同样的内容,达到同样的要求"。[①] 学年制对所有一

---

① 刘青. 中国高校学分制改革与发展对策分析 [D]. 南京:南京理工大学,2005:5.

同入学的学生要求统一的毕业年限，按照学科、专业制度统一的教学计划，按照统一的计划学习统一的教材，在统一的时间里进行统一的考试，规定统一的补考时间和方式。

学年制能够延续至今本身说明了其存在的价值和合理性。学年制是将统一学科或专业领域的所有学生放在统一模式里培养的方式，其最为突出的优点就是在制度上整齐划一，在学生学籍管理上便于管理，显然，学年制的这种设计和要求有利于保证一定的培养规格和质量。

但是，随着社会的进步特别是科学技术的进步，社会出现了多元化的趋势，社会各部门对人才的需求也更加注重多元化和个性化，一个模子"铸造"出来的单一面孔的学生越来越不适应社会各部门对人才的个性化需求。因此，学年制在这样的背景下也越来越多地表现出明显的缺陷，主要的缺陷在于这种制度不利于因材施教、难以满足学生个性发展的需要，进而也不利于充分调动学生的学习主动性和积极性。许多学生因此被限定在一个狭窄的领域里学习许多他们不感兴趣且对社会没有促进作用的课程，学生在大学里得不到学习的乐趣，乐于学习的要求自然也就流于形式了。近年来，各高校纷纷改革学年制，逐步实行学年学分制和学分制。

2. 学年学分制

学年学分制也称计划学分制。学年学分制即在教学计划编制及执行中按学时计算学分，将所有课程分为必修课、限选课、任选课、实践课等，分别根据课时和课程的不同性质计算学分。① 在教学计划中规定学生修满多少学分才能拿到毕业证书，与这种学分制相应的学籍管理以学年或学期作为结算时段，规定了学生降级、退学的学分值。

学年学分制既有学年限制的特征，又有完全学分制的特征。它既保留了学年制计划性强、专业分类严密完整的特性，又吸收了学分制的某些长处，如对课程

---

① 孔祥国，周 蓉. 学年制、学年学分制、学分制的比较分析 [J]. 高教论坛，2005 (1)：59.

的选修，给予学生在一定范围内具有一定的自由度等。① 但是由于学年学分制是按固定学期开设的，学生自主选课的范围很小，灵活性不够，对调动学生学习的主动性、自觉性也不明显，其原因是学年学分制还是按计划进行学习的，学生必须按课表的安排听指定老师的讲课，从而完成必修课、限选课的学习。② 从现在不少实行学年学分制的高等学校的实际学籍管理的现状来看，学年学分制本质上仍然是学年制，因为在这些学校的管理中，由于培养方案和一系列学籍管理制度的限制，能够修满学分提前或延迟毕业的学生仍然是极少数。

实际上，很多学校并不真心实意地实施这种学制，主要原因在于这些少量学生的学籍异动（提前毕业或延迟毕业）给学籍管理工作增加了难度，部分管理人员怨声载道。而且，所谓的学籍异动管理本身也真实地说明，实行学年学分制的学校的管理思想的深处仍然是学年制。从国家各级教育主管部门每年要求统计并上报毕业生的毕业率这个工作的角度看，其实国家各级教育主管部门的思维方式仍然是学年制——既然是学分制何谈学生当年的毕业率？提前毕业的学生算哪一年的毕业率？延后毕业的学生有如何计算呢？由此可见，无论是实行学年制还是实行学分制，高等教育体系的制度建设必须能够自恰，否则制度本身的矛盾就会阻碍相关制度的设计和实施。

3. 学分制

（1）学分制的内涵。在《中国大百科全书》中，学者将"学分制"定义为"高校以学分来计算学生学习分量的一种教学管理制度，一般以每一学期的授课时数、实验和实习时数以及课外指定的时数为学分的计算依据，根据各门课程的不同要求给予不同的学分，并规定各专业课程的不同的学分总数作为学生毕业的总学分"；《教育大辞典》将其解释为："高等学校的一种教学管理制度，以学生取得的学分数作为衡量其学业完成情况的基本依据，并据以进行有关管理工作。"以上几种解释都明确指出学分制是一种教学管理制度，而且是以学分作为学习量

① 姜华珺. 学年制、学年学分制、学分制的比较分析 [J]. 哈尔滨金融高等专科学校学报，2008（2）：67.

② 孔祥国，周蓉. 学年制、学年学分制、学分制的比较分析 [J]. 高教论坛，2005（1）：60.

的衡量标准。①

综合上述几种解释，本书将学分制的内涵定义为：学分制是以选课制为中心，以学分作为衡量学生学习状况的计量单位，并按照学分进行教学安排和学籍管理的一种教学管理制度。即根据培养目标的要求，规定各门课程的学分和每个学生必须获得的学分。在教学过程中允许学生自主选修课程，以取得所选课程的总学分作为毕业及授予学位的标准。实行学分制有利于多学科的交叉，有利于学生优化知识结构，能给学生一定的学习自主权，有利于调动学生的学习积极性，有利于培养多种类型的人才，尤其是一专多能的复合型人才。

（2）学分制的本质。从形式和表象上看，学分制是一种教学管理制度，它是衡量学生学习量的一种工具或测量手段，但实质上它体现了一种学习自由的大学理念。② 表面上来看，学分制是一种教学管理特别是学籍管理制度，它虽然只是衡量学生学习量的一种工具或测量手段，但实质上它却体现了一种"学习自由"的高等学校办学理念。学习自由的办学理念是现代大学的重要理念，也是促进大学发展和进步的重要推动力量，唯有学习和科研自由方可实现追求真理的目标。

从学分制发展历程看，学分制的最初思想来源是德国学术自由思想中的学习自由思想，美国的民主教育和实用主义思想则进一步推动了学习自由思想的发展，并最终在形式上确定了学习自由的保障机制。但其背后彰显的是体现学习自由的大学理念，它是学习自由在学生身上的折射和具体体现。③

就其精神实质而言，学分制也是一种以学习自由为核心的教育理念。"学习自由"是德国著名教育家洪堡（Wilhem von Humboldt）提出的，他主张"由科学而达致修养"，倡导自由而个性的教育，强调人的个性张扬和自我形成。"学习自由"成为当时德国大学一种极其普遍的现象。④ 学分制最根本、最基础的理念

---

① 刘林. 独立学院学分制研究［D］. 长沙：湖南农业大学，2009：10.

② 薛成立，邬大光. 论学分制的本质与功能——兼论学分制与教学资源配置的相关性［J］. 北京大学教育评论，2007（3）：138.

③ 薛成龙，邬大光. 论学分制的本质与功能［J］. 北京大学教育评论，2007（3）：138.

④ 陈涛. 再探学分制——学分制的形成、发展、问题及展望［J］. 现代教育管理，2013（9）：59.

是"学习自由"理念。学分制从形式上确立了以学生为本、以学生为主体的合法地位，让学生从自由学习中学会如何探索真理、发现真理、掌握真理，让学生从自由学习中获得了现代民主社会所需的人格和精神。①

（3）学分制的特征。高校推行学分制改革旨在提倡学生个性发展、倡导因材施教和启发式教学。与学年制相比，学分制有其独有的特征。学分制具有以下几个基本特征：

一是选课制。选课制是实行学分制的基础，学生根据自己的兴趣、爱好、专长等因素，进行跨专业、跨年级甚至是跨学校自由选择需要修读的课程，并且自主选择授课教师和授课时间、修读门数和方式。学分制下的选课制不同于传统的学年制，在传统的学年制下学生无法选择教师，不论其授课水准高低，学生只能被动接受。选课制度的建立，在教育资源相对富余、教育的接受者开始有较高的教育期望和具有较大的自主选择权的今天意义深远。②

二是自主性。学分制最大的特点之一就是学生拥有较大的自主性。

其一，自主选择课程，这是学分制的核心。在传统的学年制下，学校的课程整齐划一，所有学生必须修读规定的课程，学生选择的余地很小。这种统一的教学计划，很难培养出具有个性的创新人才。在学分制的条件下，随着可供选择的课程数量不断增加，学生可部分按照自己的兴趣、特长和能力选课，这样，不仅大大地提高了学生学习的积极性，还为学生个性的塑造创造了良好的外部环境。③

其二，自主选择教师。在传统的教学制度下，教师的教学都是事先由学校教务部门安排好的，无论教师课讲得好坏，学生只能被动接受，不能自由选择更换教师，这对于学生来说显然是不公平的，对于教师群体来说也不利于发挥激励作用。而在学分制条件下，学生可到外校选课，也可以在本校选择授课教师，这不仅有助于学生学习效果的提升，还能促使教师改进教学内容和教学方法，提高教学质量。

其三，自主选择学习时间，确定学习进度。学分制打破了传统意义上的年级、班级概念，学生可以在自己规划的修业年限内根据自己的时间表来制订学习

---

① 薛成龙，邬大光．论学分制的本质与功能［J］．北京大学教育评论，2007（3）：142.

② 刘林．独立学院学分制研究［D］．长沙：湖南农业大学，2009：10-12.

③ 刘林．独立学院学分制研究［D］．长沙：湖南农业大学，2009：27-30.

计划、调整学习进度。

三是弹性化学制。弹性学制是允许学生修业年限有一定伸缩性的学制，修满学校规定的学分即可申请毕业。① 弹性化学制体现了因材施教的教育思想，兼顾了学生认知上的个体差异，体现出人性化、差异化、个性化的教育理念，为培养创新人才创造了条件。学分制有利于优秀人才脱颖而出，也为学习困难的学生提供了另一条出路，每个学生都可以根据自己的学习进度选择课程数量和决定学习年限，它可以更加有效地分配教育资源，提高教育效益。

四是教学管理的灵活性。学分制下的教学计划和课程设置都是非常灵活的。首先，学分制采用弹性学制，不对学生的毕业年限做明确统一的要求，学生能否毕业、什么时间毕业，完全以是否完成教学计划所规定的学分为依据。② 其次，学分制下学生可以根据自己的兴趣、能力、发展方向，自主灵活地选择所学课程。因此在学分制条件下，课程体系的安排要更加灵活、合理，更加人性化、个性化。

五是学习过程的指导性。实行学分制学生虽然可以自由选课，但由于知识所限，他们对课程的整体结构没有把握，还不了解课程间的内在联系，因此很难独立设计出适合自身发展的学习方案。为了避免学生对选课的盲目性和功利性，保障他们顺利完成学业，必须建立完善的学习导师制度,③ 实行导师制，由导师帮助自由选课的学生，把握课程的整体结构，帮助学生了解课程间的内在联系，结合学生个体需要独立设计出适合其自身发展的学习方案，并提供贴切的学业、专业、职业咨询服务，从而保障学生顺利完成学业。

（4）学分制的实现条件。学分制推行的先决条件可以从以下三方面来概括：

一是充足而优质的课程资源。拥有充足而优质的课程资源对于实行学分制的学校来说具有举足轻重的作用，因为学分制与学年制的典型区别就在于选课制，即允许学生根据自己的兴趣和需要自由选择所要学习的课程。因此，没有充足的

① 王双梅.我国大学学分制改革的影响因素剖析——以武汉大学为例［D］.济宁：曲阜师范大学，2017：7.
② 王双梅.我国大学学分制改革的影响因素剖析——以武汉大学为例［D］.曲阜：曲阜师范大学，2017：8.
③ 朱学伟，杨伟.基于MOOC自助课程的高校学分制改革的研究［J］.中国现代基于装备，2015（23）：98.

课程资源实行学分制就像无本之木。只有具备了大量优质的课程资源，学生才有课可选，并且可以达到优中选优要求。

二是充裕而高水平的教师队伍。优质而充足的课程的前提首先是要有完备而优秀的教师队伍。优秀的教师队伍才能带来优质课程资源。学校提供大量的优质选课需要优质师资，即便是借助 MOOC 平台提供的课程，线下的辅导也对教师的专业水准提出了更高要求。因此高水平的师资队伍是学分制实现的核心条件。

三是网络环境和硬件配备。学分制的推行使得每个学生的课程组合都可能因人而异，为了不影响教学管理特别是选课的工作效率，网络选课就成为必需。而此时，移动互联网数据的传输速率水平为在线选课以及在线视频教学传播提供网络支撑，移动终端设备的进步也使得在线学习形式更加丰富。这一切技术的进步和硬件的配备都成为学分制推行的保障。

4. 学分制方案

学分制方案是指以学分制为主要特征的人才培养方案。完整的学分制方案应该包括培养目标和基本要求、课程体系、学分管理、学习成绩评价度、收费制度、主辅修制度等要素。

（1）培养目标和基本要求。培养目标是指依据国家制定的教育方针和各级各类学校的性质、任务提出的各专业人才培养的具体要求。其基本要求包括专业毕业的标准要求和课程教学的标准要求。学校首先应该根据培养目标制定相应专业的毕业要求，如学时、学分要求，再根据专业毕业要求制定具体的课程教学要求，由此形成学校本科培养的标准体系。

（2）课程体系。课程体系是指在一定的教育价值理念指导下，将课程的各个构成要素加以排列组合，使各个课程要素在动态过程中统一指向课程体系目标实现的系统。① 学分制的课程体系不同于学年制的课程体系，学年制强调学生的专业性，因而在课程体系上表现为课程内容的专业化，学生在规定的时间内完成一定数量的专业课程的学习。而学分制则淡化了专业性，强调给学生提供丰富的任

---

① 郭平. 核心课程与优质课程体系建设初探——以宜宾学院为例 [J]. 宜宾学院学报，2011（2）：2-3.

选课，强调学生的自主学习。对于民办高等学校来说，由于民办高等学校师资力量普遍薄弱，决定着它不可能提供数量庞大的选修课程，这就需要利用 MOOC 等现代化的教学模式来完善民办高等学校的课程体系，实现其人才培养的目标。

（3）学分管理。学分是给一门课程赋以一定的分值。学生修习一门课程，并考试合格，就能获得规定的学分。考试不合格，经重修课程并通过考试后，获得同样学分。学分是评价学生学习量和学习成效的单位，是确定学生是否毕业的重要依据。

学分包括课程学分、实习实训学分、社会实践学分、证书奖励学分等。学分的计算以周授课时数和考核成绩为主要依据。学分计算的最小单位是 0.1 分。教务处是学生学分制管理部门，负责全校学生的学分审定、登记和档案管理。各院系教学秘书负责本院系学生学分的登记和管理。

学分制是学生在弹性学制的基础上完成规定的学分便可以毕业，这为学生的学习自主性提供了极大的便利。这也意味着学生可以根据自己的学习能力、学习兴趣和学业计划，随时可以学习到自己希望学习的课程，这就向学校的教学管理工作提出了严峻的挑战，即学校每学期都必须提供足够的学分课程供学生选修和学习。同时，由于民办高等学校办学基础薄弱（教室数量、宿舍数量、图书馆座位数量等有限），不可能让学生无限期地在校学习。因此，在进行学分制管理时，学校还必须设置最高的在校学习的时间（例如最长不能超过 6 年），超过这个时限后，学生保留学籍但必须离开学校，可以继续选修学分课程，直到完成学业。

（4）绩点制。绩点制即学分绩点制，是以学分与绩点作为衡量学生学习的量与质的计算单位，以取得一定的学分和平均学分绩点作为毕业和获得学位的标准，实施多样的教育规格和较灵活的教学管理制度。学分绩点制作为国际上通行的学生学习质量评估体系，其特点是增加学生的选择弹性，鼓励学生根据自身个性选择合适的课程，可对学生分类因材施教，给他们更大的成长发展空间。由于学分制使学生选课的自主权扩大，学生容易产生盲目性。同时，学生容易产生追求学分的趋势，忽视德、智、体全面发展；而最关键的是学分制仅能反映学生学习的数量而不能反映学习的质量。由于只要能及格，不管是 60 分还是 90 分，都能拿到相应的学分，于是，学生中大量存在"60 分万岁"的思想。此外，根据学分制的管理原则，学分是计算学生学习量的单位，不同课程的学分其价值是相等的。因此，学生所取得的不同课程的学分数可简单累加得出总学分。于是有的学生由于某一课程如《高等数学》很差，于是就选择学习如《书法》《应用文写作》等一些相对简单的课程，用它们的学分来冲抵较难课程的学分。所以，在20世纪20年代美国就引入了平均学分绩点制。① 绩点制是在实施学分制基础上对学生学习成绩进行评价的合理完善。学分制规定学生修习某门课程成绩合格即可以取得相应的学分，但这仅是对学生学习量的衡量，而绩点制的引入则可以衡量学生学习的质。绩点制对考试成绩不同等价赋予相应的绩点，一般是把考试成绩划分为优、良、中、及格、不及格五个等级，绩点分别为4、3、2、1、0。学生修习某一门课程的学分绩点等于学分数和绩点数的乘积，即是学生修习这门课程的学习质量。②

（5）收费制度。相对于学年制，学分制的收费制度更加简单，就是评估认定每个学分的学费标准，学生按照这个标准缴费上学，多修学分者多缴学费。目前大多数普通高等学校的收费标准为1学分100元左右，民办高等学校1学分200元左右。但是学校也可以根据学科的不同特点，确定部分课程学分的特殊价格，比如热门学科的专业课程的学分价格可以高于非热门专业课程的价格、培养投入多的专业（例如理工科专业、农林专业和医学专业）比投入少（人文社科类专业）的专业的学分价格要高。MOOC课程的学分价格可以和平台提供者共同协商确定学分价格。总之，不同专业的学分价格不一定是一个标准，学校可以确定学分的价格并报地方物价部门审批后执行。

（6）主辅修和双学位制度。主辅修制度和双学位制度是一种按因材施教原则实行修课和学习的制度。主辅修制是指以本专业为主修，辅修跨学科的另一个专业，并取得规定的课程的学分。主修是指对学生所属专业规定课程的修读，是学生的主业，也是学校教学和管理的重点，对所有学生统一要求；辅修则是由学生自主选择而非学校统一要求的修课形式。③ 双学位制是指修读本专业学位的同时

---

① 徐开宏.对学分绩点制的认识［J］.价值工程，2013（7）：204-205.

② 王双梅.我国大学学分制改革的影响因素剖析——以武汉大学为例［D］.曲阜：曲阜师范大学，2017：8.

③ 阙勇平.高职复合型人才培养思考［J］.吉林省教育学院学报（学科版），2011（4）：73.

兼修另一门类学位专业，并取得规定的课程及实践环节的学分。①

主辅修和双学位制度的设计目的是为了适应社会用人单位对人才多样化的需求，促进学校复合型人才培养，允许学有余力的学生充分利用学校的教育资源，学习更多的知识和技能，从而增强大学生的社会适应性和就业竞争力。

2.2 相关理论基础

基于 MOOC 的民办高等学校学分制方案的设计必须建立在一定的理论基础之上，本方案将以多元智能理论、公共产品理论、网络环境学习理论为依据，设计基于 MOOC 的民办高等学校学分制方案。

2.2.1 多元智能理论

教育的价值除了为社会培养有用之才之外，更在于发展和解放人。多元智能理论对传统的"一元智能"观提出了强有力挑战，认为个体的智能不是单一的，而是多元的，教育者要根据学生的差异，运用多样化的教学模式，促进学生多项潜能的开发，最终促进每个学生的自由发展。

1. 多元智能理论的基本内容

美国哈佛大学心理学教授霍华德·加德纳经过长期对人类潜能的大量实验研究，于 1983 年提出了"多元智能理论"。他将智能定义为"是在特定的文化背景或社会中，解决问题或制造产品的能力"，② 多元智能即是指存在着若干种相对独立的人类智能，这些智能彼此相对独立，而且可以采取多种多样的方式进行整合以适应不同的人和不同文化的需要。③

加德纳提出每个人与生俱来都在不同程度上至少拥有以下八种智能：

---

① 沈志远. 高校"双学位"教育问题及对策探讨 [J]. 现代商贸工业，2017（34）：158.

② 贺文华. 基于多元智能理论的高职完全学分制研究 [D]. 杭州：浙江工业大学，2017：8.

③ 霍华德·加德纳. 智能的结构 [M]. 北京：中国人民大学出版社，2008：19.

（1）语言智能——主要指人掌握并运用语言的能力。

（2）逻辑数学智能——主要指运算和推理的能力。

（3）音乐智能——主要是指个人感受、辨别、记忆、表达音乐的能力。

（4）视觉空间智能——主要指在头脑中形成一个外部空间世界的模式并能运用和操作这一模式的能力。

（5）身体运动智能——主要指运用整个身体或身体的一部分解决问题或制造产品的能力。

（6）人际关系智能——主要指察觉并区分他人的情绪、意向、动机及感受的能力。

（7）自我认识智能——主要指认识洞察和反省自身的能力。

（8）自然观察智能——主要指观察自然界中各种形态，对物体进行辨认分类，能够洞察自然或人造系统的能力。[1]

2. 多元智能理论核心思想

多元智能理论倡导的是一种"以学习者为中心"的因材施教教育观念。多元智能理论认为，每个人都有自己突出的、优势的智能，都具有自己的智力特点、学习类型和发展方向，学校里也不存在差生，只要为他们提供合适的教育，每个学生都能成才。只有针对特定受教育者能力和需求的教育，才能够得以有效实施。如果企图同样地对待所有的人，或企图用并不适于个人喜好的统一学习模式，向所有受教育者传授知识，那么付出的代价就会很大。

因此，在学生培养过程中，应正视学生的差异，为了解学生的智能结构特点，"对于每一个受教育者，教育计划的制定者都必须确定运用哪些手段，才能最有效地调动他获得希望拥有的能力、技能，或者使他成为特定行业中的角色"。[2]

加德纳认为不同的人会有不同的智能组合，人与人之间的差异主要是由各

---

[1] 霍华德·加德纳. 智能的结构 [M]. 北京：中国人民大学出版社，2008：431.

[2] 贺文华. 基于多元智能理论的高职完全学分制研究 [D]. 杭州：浙江工业大学，2017：10-8.

种智能之间的组合程度不同造成的。加德纳认为我们每个人都拥有上述八种主要智能，教育就是要发挥每个人的多方面能力，并根据每个人的个体差异施以教育。

加德纳认为教育目标就是根据学生的智能差异特点，为每一个学生提供有针对性的教育，使学生的各种智能得到提升，开发和培育学生的智力潜能，从而全面提高人的素质。其多元价值取向是对传统一元智能观有力的挑战，具有典型的后现代主题特征。

多元智能理论对当代教育教学实践的改革发展产生了深远的影响。很多学者认为技术能够促进学生多元智能的发展。其中兰姆（Lamb，2004）比较详细地介绍了支持多元技能的技术工具（见表2-1）。①

表2-1　　　　　　　　网络学习环境中促进多元智能发展的技术工具

多元智能	定义和特征	网络学习环境中的技术工具
言语语言智能（linguistic intelligence）	就是诗人身上所表现出来的对语言文字的掌握能力	<ul><li>文字处理（Word，Appleworks）——写作、改写、加工作品</li><li>桌面出版系统①（Publisher，Pagemaker）——文本编辑</li><li>文本展示软件（PowerPoint，Astound）——文本组织</li><li>故事创作软件（诗、散文、书信）</li><li>Email，留言板和论坛——讨论，辩论；聊天软件（ICQ，MSN）</li><li>阅读和解释网络信息</li><li>电子参考书——百科全书，字典；PDF格式文件</li><li>在CD-ROM中读取的CD书、电子书（e-book）和基于文本的软件</li></ul>

———————

① Lamb，A. Technology and Multiole Intelligences［EB/OL］.（2004-12-8）［2018-3-14］. http：//eduscapes. com/tap/topic68. htm.

续表

多元智能	定义和特征	网络学习环境中的技术工具
数理逻辑智能 （logical-ma the matical intelli-gence）	是数学和逻辑推理的能力以及科学分析的能力	• 组织工具（数据库、日历） • 计算工具（电子制表软件 Spreadsheets） • 科学和数学软件；统计软件（SPSS） • 图表计算器和软件：问题解决软件 • 在线数据收集：Webquests② • 计算机辅助设计——解决问题方面 • 策略、逻辑和批判性思维软件
视觉空间智能 （spatial intel-ligence）	是在脑中形成了一个外部空间世界的模式并能够运用和操作这个模式的能力	• CAD——计算机辅助设计；动画软件 • Puzzle building 工具 • 绘画程序——Illustrator，CorelDraw③ • 图像软件——Photoshop，Paint，AppleWorks，Fireworks • 桌面出版系统（Publisher，Pagemaker）——布局方面 • 桌面呈现（PowerPoint，Astound）——视觉布局方面 • 多媒体制作（HyperStudio） • 制图工具（Tom Snyder's Mapmaker）：视频会议 • 视觉信息材料：照片、幻灯片、图形、图表、表格 • 具有视觉内容和使用颜色的网站 • 视觉的艺术作品；计算机集成的游戏 • 概念地图工具和图表（Inspiration & Kidsiration）
音乐韵律智能 （musical intel-ligence）	也是多元智能之一，例如伦德纳·伯恩斯坦拥有很高的音乐智能，莫扎特的可能更高	• 声音和音乐文件 • 音乐片段 • 动画声音——Macromedia Flash • DVD 和 CD 的音频；带有声音的电子书

63

多元智能	定义和特征	网络学习环境中的技术工具
肢体运动智能（bodily-kin es-thetic intelli-gence）	是运用整个身体或身体的一部分解决问题或制造产品的能力	<ul><li>计算机的键盘、鼠标、操纵杆和其他动作工具</li><li>视频产品——滑稽短剧、舞蹈、体育运动、角色扮演、示范</li><li>动画——Macromedia Flash；动画标记——一系列动作</li><li>虚拟的实地考察旅行——使用和创造</li><li>Lego Logo 和机器人技术——其他建筑工具包</li><li>数字静态图和数码摄像机——幽默短剧、游戏、角色扮演、示例</li></ul>
人际沟通智能（interpersonal intelligence）	是理解他人的能力	<ul><li>Email，聊天软件；Listserv④，论坛和讨论</li><li>文字处理——线索写作、小组编辑、共同写作、头脑风暴</li><li>视频和远程会议：小组讨论软件——Tom Snyder's decision</li><li>合作性的 Webquests</li><li>视频录制——通过表演短剧，讨论、角色扮演与他人一起完成</li><li>协作性计算机软件或游戏</li><li>小组展示（PowerPoint）：远程交流方案——Flat Stanley</li></ul>
自我认知智能（intrapersonal intelligence）	是一种深入自己内心世界的能力，即建立准确而真实的自我模式并在实际生活中有效地运用这一模式的能力	<ul><li>在计算机上写日志</li><li>概念地图（Inspiration and Kidspiration）——概念网络</li><li>网上搜索——自定步调</li><li>Word 处理——头脑风暴，日记，刊物</li><li>音频软件——记录个人的思想</li></ul>

多元智能	定义和特征	网络学习环境中的技术工具
自然观察智能（naturalist intelligence）	是指通过与外界的交互来学习的能力。例如，通过户外活动、考察旅行和与动植物的接触来学习	• 录像机——记录自然界 • 数码相机——记录自然界，实地考察旅行 • 文字处理——日志，自然信息 • 数据结构和运算（database，spreadsheet）——观察 • 展示（PowerPoint）——展示过去的趋势和变化

资料来源：王静. 美国网络学习环境的研究［J］. 上海：华东师范大学，2005：18.

3. 多元智能理论对本书研究的指导作用

多元智能理论的主要观点对本书有以下指导作用：

第一，尊重学生个性，关注学生个性化、差异化培养。依据多元智能理论，作为个体，每个人都同时拥有相对独立的八种智能，每一种智能又都有多种表现方式，因此，每个学生的智能特点、智能表现形式、学习类型、学习方法和发展方向是各不相同的，这就要求每一个教育工作者都能够重视学生的不同智能特点，因材施教，充分挖掘每个学生的特长。多元智能理论的提出克服了长期以来学校教育只强调某个或某些方面能力培养的单一发展模式和局限，反映了社会对人才需要的多元化以及个体对自身要求的多样性这一客观事实，最大限度地促进所有学生个性化的发展。① 这就要求民办高等学校教育工作者必须摒弃传统的单一、固定的学年制教学模式，积极推行学分制改革。学年制教学模式对所有的学生采用同一套培养方案进行培养，这种教学模式抹杀了学生的个体差异，使学生在学习过程中始终处于被动获得知识的处境。

MOOC 的开放性和学分制的自由选课制使学生既可以打破专业界限和班级的束缚，跨专业选课，跨年级学习，又可以根据自身的特点、兴趣、爱好、发展方向和市场需求等因素进行自主选择，有利于促进学生的个性充分自由地发展。

----

① 王彦明. "课程超市"的构建及其意义［J］. 教育导刊，2013（8）：6.

第二，以发展学生各项能力为教育目标。长期以来，我们的民办院校一直承袭传统的教学方式，以狭隘的知识教育为主，忽视了对学生的智力发展及能力培养。根据多元智能理论，在正常情况下，只要有适当的外界刺激和个体努力，每个人都能加强自己的任何一种智能。因此，在对学生实施教育时，民办高等学校要转变在传统的教育实践中简单地传授知识和技能的教育观，而忽视其他智能的错误思想。应该为所有的学习者提供各项智能发展与锻炼的机会，培养学生学会主动学习，学会思考，学会批判性思维，促进学生多元智能全面、和谐的发展。

第三，提供多元课程组合，开发学生的多元智能。我国传统的民办高等学校课程主要以固定的学年制课程为主，课程主要基于学科的逻辑体系而开发，以单一学科课程居多，课程组合过于简单、固定，学生的全面发展和个体的充分展示均难以实现。根据多元智能理论，学生各种智能的发展有赖于环境和教育的影响，因此，要提供丰富的教育资源以及多元课程组合，为促进学生的多元智能而教，使学生有机会更好地发展和运用自己的多种智能。民办高等学校要改变传统的课程和教学管理模式，提供丰富多样的课程组合，以促进学生个性的全面发展。而学分制是以选课制为基础的一种教学管理制度，强调给学生提供丰富的课程资源供学生自由选修，因此，民办高等学校推行学分制是促进学生个性全面发展的必然选择。

同时，民办高等学校由于种种历史原因，其师资力量和课程资源严重不足，MOOC 作为一种新型的学习和教学技术与方法，具有大规模、开放性的特点，其为民办高等学校的学分制改革提供了丰富的教学资源，是民办高等学校推行学分制的一个强有力的手段。

第四，利用 MOOC 技术，促进学生多元智能发展。从上表 2-1 中可以看出，网络学习环境中的技术工具可以促进多方面智能的发展，因此，本书在设计基于MOOC 的民办高等学校学分制方案时，要注意充分利用网络等现代化的技术工具，精心设计每一门课程，每一节课的教学内容，发挥技术手段对学生多方面智能的影响作用。比如，通过录制表演短剧，讨论、角色表演与他人一起完成任务等方面的视频培养学生的人际沟通智能。

2.2.2 公共产品理论

公共产品理论的兴起最早可追溯到古希腊时期，到了 18 世纪，英国哲学家大卫·休谟关于"草地排水"的分析已经涉及公共产品理论的核心问题①：①人是有利己本性的，自私的人之间存在共同需求。②满足共同需求的供给中，客观存在坐享其成的心理及可能性。③这类问题只能政府参与才能有效克服。② 继休谟之后，亚当·斯密从国家职能角度对公共产品展开了研究，指出政府必须提供某些公共服务。

20 世纪 50 年代以前，关于公共产品理论的研究主要围绕政府展开，仅限于认为政府是唯一提供公共产品的主体。之后，由于现实中政府不仅提供的公共产品不足，在提供效率上还表现低效，公共产品理论开始突破政府单一提供主体的狭隘，将志愿供给、市场供给方式都纳入公共产品提供的范畴。20 世纪 50 年代，萨缪尔森完成了对公共产品的经典定义，确定了现代公共产品理论的正式形成。

萨缪尔森在 1954 年与 1955 年发表了两篇至今仍然影响十分深远的作品，即《公共支出的纯粹理论》和《公共支出理论的图式探讨》，在这两篇作品中，萨缪尔森探讨了很多涉及公共产品理论的核心问题，如集体消费产品的定义，公共产品生产制造及投入使用需要的资源配置问题等，被认为是公共产品理论的集大成者。1956 年蒂鲍特在研究中讨论了关于地方公共产品的问题，认为公共产品的分布具有不均衡性，人们对于公共产品的使用可以通过位置前移来获得。20 世纪六七十年代，公共产品理论在布坎南等学者的推动下进入了一个全新的研究阶段。

1. 公共产品的内涵和特征

公共产品理论的重点在于"公共产品"，它是与私人产品相对的一个概念。

---

① 大卫·休谟在《人性论》中设想了"草地排水"：两个邻人可能达成协议共同排去公用草地上的积水，但是 1000 人之间就难以做到，因为每个人都想坐享其成。休谟试图以此说明某些事情的完成对个人来说并无多少好处，但是对于集体或整个社会却极有好处，因而这些事情只能由政府参与来完成。

② 顾笑然. 公共产品思想溯源与理论述评 [J]. 现代经济，2007（9）：64.

公共产品理论中的"产品"不仅仅指实体的产品，也可以是服务，如国防、教育等。亚当·斯密在《国富论》中写道："公共产品对于一个社会当然是有很大利益的，但就其性质说，假设由个人或少数人办理，那所得利益决能偿其所费。所以这种事业，不能指望个人或少数人出钱创办或维持。"① 当代公共产品理论在公共产品内涵上有了进一步的拓宽，萨缪尔森把公共产品定义为："将该商品的效用扩展于他人的成本为零；无法排除他人参与分享。"詹姆斯·M. 布坎南将公共产品的定义进一步完善，认为公共产品是指供给主体以集体的方式提供的商品和服务。②

公共产品具有以下几个特征：非竞争性、非排他性、外部性和广泛性。

公共产品具有使用上的非竞争性和收益上的非排他性。非竞争性是某些人对公共产品的消费与其他人对该产品的消费之间互不影响，也不会影响其他人从这一产品中获得效用。③ 增加消费者对公共产品的消费不会导致其他消费者对同一消费品的减损，也不会影响整个社会的利益，受益对象之间不存在利益冲突。非竞争性有两方面含义：①边际成本为零。这里所述的边际成本是指增加一个消费者对供给者带来的边际成本。②边际拥挤成本为零。每个消费者的消费都不影响其他消费者的消费数量和质量。

非排他性是某些人对公共产品的消费，与其他人对公共产品的消费并不互相排斥。

在受益范围上，公共产品具有外部性和广泛性。外部性是公共产品对其他人产生有利的或者不利的影响，但这些人对此既不需要支付报酬也不需进行成本补偿。广泛性是指公共产品以全体社会成员为服务对象，对所有的社会成员具有平等的功用与效益。

根据上面的分析和公共产品的特征，本书认为，所谓公共产品是指具有消费或使用上的非竞争性和受益上的非排他性的产品。

---

① 亚当·斯密. 国民财富的性质和原因的研究（下）[M]. 北京：商务印书馆，1974：284.
② 詹姆斯·M. 布坎南. 民主财政论 [M]. 穆怀朋，译. 北京：商务印书馆，1999：20.
③ 彭蕾蕾. 公共物品的内涵和外延综述 [J]. 中国市场，2011（2）：22-23.

2. 公共产品理论的基本内容

公共产品理论的基本内容包括以下几个方面：

（1）关于公共产品的分类。依据非竞争性和非排他性两个特征，可以将不同的产品分为纯公共产品、准公共产品和私人产品。纯公共产品，指能够满足消费上非排他性和非竞争性两个特征的产品，比如国防、不拥挤也不收费的公路。私人产品是指非竞争性和非排他性两个特征都不具备的产品，比如衣服、食品、拥挤且收费的公路等。准公共产品，亦称为"混合产品"。这类产品通常只具备上述两个特性的一个，而另一个则表现为不充分。第一类，具有非排他性和不充分的非竞争性的公共产品。例如，教育产品就属于这一类。另一类是具有非竞争性特征，但非排他性不充分的准公共产品。例如，公共道路和公共桥梁就是属于这种类型。正因为这类公共产品具有非竞争性的和不充分的非排他性，因此也称为准公共产品。[①]

（2）关于公共产品的提供与生产。对于公共产品，可能有私人提供、私人生产，集团提供、私人生产，政府提供、私人生产，私人提供、政府生产，集团提供、政府生产，政府提供、政府生产六种不同的组合方式。[②] 政府不一定要提供所有的公共产品，政府取得的财政收入只应该为政府所要提供的公共产品付费，不需要由政府提供的产品政府就不需要全部买单。政府可以将生产、提供公共产品的任务交给私人或者集团去办，政府只需要确定一定的标准和数量就可以了，让私人通过市场竞争来生产与提供一些公共产品，会使公共产品生产更有效率。

（3）关于公共产品的需求与供给。公共产品的均衡由公共产品的需求和供给两方面决定，从需求角度来看，公共产品的需求反映了消费者的意愿，是消费者以对产品进行效应评价为基础在既定的预算下作出的消费选择，消费者可以根据对公共产品的评价选择是否对该产品进行消费。从供给角度来看，公共产品供给问题，实际上是关于公共产品融资、管理以及监督等的激励制度安排，公共产品的供给包含消费者对公共产品的偏好表露、为公共产品支付费用、安排产品的生

---

① 陈志勇. 试论水务行业特性 [J]. 厦门科技，2010（5）：41-44.

② 李成威. 公共产品理论与应用 [M]. 上海：立信会计出版社，2011：23.

产和监督等组织过程。①

公共产品的供给主体有政府、市场及非营利组织三种，分别对应政府供给、市场供给与自愿供给三种形式。政府供给是政府以公益为目的，通过公共财政供给公共物品，供国内居民享用的供给方式；市场供给是企业等以营利为目的，采用谁受益谁付费的原则，采取收费的方式供给公共物品的方式；自愿供给是社会第三部门，基于自愿的原则，采取免费或部分收费的形式，供给教育、体育、济贫等公共产品的供给方式。②

（4）关于公共产品的成本与收益。2002 年由安东尼·埃斯特瓦多道尔等人出版的《区域性公共产品：从理论到实践》（*Regional Public Goods：From Theory to Practice*）中深入分析了通过区域性的公共产品促进各地区发展的有效性，并从经济学的成本收益角度说明了公共产品有力促进了有关国家开展的区域合作。从公共产品的成本收益机制来看，区域性的公共产品一般需要一个或多个成员单位承担公共产品的供给成本负担，其收益的分配呈现国家、地方和个人三者共享的趋势，各个成员单位均可以从所提供的公共产品中直接受益。尤其是在收益方面，公共产品首先促进了各个成员单位共同的发展，使各个成员单位在资源上相互补充，提升了成员单位的竞争力；其次，公共产品的提供要求各成员单位联合并形成网络，促进了成员单位的协同合作。③

3. 公共产品理论对本研究的指导作用

公共产品理论有助于我们更加清晰合理地理解基于 MOOC 的民办高等学校学分制改革问题，为本书提供了另一个理论视角。

第一，MOOC 平台是以集体的方式向平台中的所有高等学校学生提供的教育服务，具有公共产品的性质，但是使用 MOOC 平台上的课程则必须消费与加入对应的 MOOC 联盟，不消费即无法使用（有些 MOOC 平台在试用期免费，但是其最终目的是要收费的），因此，MOOC 是一种准公共产品，属于准公共教育服务。

---

① 李成威. 公共产品理论与应用 [M]. 上海：立信会计出版社，2011：95.

② 冷功业. 中国公共物品非营利组织供给研究 [D]. 重庆：西南财经大学，2010：44.

③ 樊勇明，薄思胜. 区域公共产品理论与实践 [M]. 上海：上海人民出版社，2011：74.

从这一角度来看，基于 MOOC 的民办高等学校学分制改革应该在公共产品理论的指导下开展，一方面，按照谁付费谁收益的原则，民办高等学校要增加经费投入，购买优质的 MOOC 课程；另一方面，基于 MOOC 的学分制方案中，学生的学费是按照学分收取的，多修或重修的学分需要多收学费。

第二，从公共产品的提供与生产来看，政府不一定要为 MOOC 这一准公共产品全部买单，完全可以将设计 MOOC 平台、设置课程的任务交给企业去办，企业对于 MOOC 的设计与提供将会更有效率。但是政府需要对 MOOC 平台给予一定的政策支持，且要有效发挥调控作用，设定制度规范，控制 MOOC 产品供给的数量和质量，保证公共教育服务的质量。

第三，对公共产品的投入和使用可以平衡资源配置，促进高等教育公平。现阶段，由于政府财力不足、地域办学条件的差异、高等学校之间教育资源的差异，我国公办院校和民办院校在教育供给上还存在明显的差别，优质教育资源不足是民办高等学校面临的主要问题。高等教育以提高国民素质为目的，对整个社会的发展都有促进作用，不论民办高等学校高等教育还是公办高等学校高等教育在某种程度上说应该是同质的，可以通过建立 MOOC 平台这一公共教育服务有效补充民办高等学校资源不足这一短板，促进优质教育资源的有效流动。

MOOC 作为公共产品可以由多个高等学校共同承担 MOOC 的供给成本负担，而 MOOC 又能够惠及该平台中的所有高等学校，教育资源基础薄弱的高等学校可以通过利用 MOOC 公共平台中的资源，有效补充自身的资源劣势，平衡高等学校间的资源配置。从促进区域、学校间的教育公平的角度来看，MOOC 视域下的民办高等学校学分制改革研究是基于公共产品理论的一种可行和有效的思路，民办高等学校要充分利用 MOOC 这个公共平台，解决民办高等学校推行学分制师资和课程资源不足等方面的问题。

2.2.3 网络学习环境理论

网络学习环境这一概念诞生于 20 世纪 90 年代，随着多媒体与网络技术的发展，"网络学习环境"一词被提出来。由于探究的角度不同，不同学者对网络学习环境这一概念产生了不同的界定。

托尔布姆（2003 年）将网络学习环境总结为：在使用互联网过程中，用来支持、组织学习过程和促进学习交流的硬件、软件和教育内容的统一体。美国信息技术网站将网络学习环境定义为：网络学习环境是用一系列教学和学习的工具，在学习过程中强化学生通过计算机和网络学习的学习经验。① 网络学习环境的基本组成包括课程规划、学生跟踪、对教师和学生的在线支持、在线交流和对外界课程资源的链接。皮埃尔（Pierre）教授则认为网络学习环境是一个虚拟的学习环境即知识空间，学习者对知识的获取能从该知识空间获得满足；交流形式虚拟是学习环境的一个显著的特点，在虚拟学习环境中，学习者是主体并且处于中心位置，在虚拟学习环境下，学习者问题的解决得益于多种辅助工具。②

综合比较不同学习者的观点可以发现，网络学习环境是指基于网络平台的，以学习者为中心的，支持其学习活动的显性与隐性因素的总和，它与学习者构成一个整体，处于不断变化、发展之中。③

1. 网络学习环境理论的主要内容

（1）网络学习环境的特征。网络学习环境作为远程学习环境的一种类型，在体现远程教育的某些特征的同时，也有自己独有的特征。④

①开放性。网络学习环境是面向所有学习者开放的，满足不同层次的学习者学习和使用。

②预设性。预设性是指网络环境的构建具有一定的计划性、预期性和规范性，它体现了教育者的意图、指向与要求。

③生成性。学习及学习环境不断地变化着，具有极强的不可预知性。

④交互性。网络学习环境中，以计算机网络为媒介的通信可以作为功能强大的交互媒介，受时空的限制，持同步、异步交互，可以是一对一的交互，也可以是一对多、多对多的交互或进行个别化的自我交互。

⑤虚拟性。网络学习环境结合网络技术与虚拟技术、BBS、Newsgroup、Chat、

---

① 杜俊，陈俊. 云计算环境下成人教育课程辅导的设计与实施——以"政府经济学"课程为例 [J]. 武汉冶金管理干部学院学报，2011（4）：68-70.

② 杨丽. 网络学习环境理论探究 [D]. 杭州：杭州师范学院，2005：4.

③ 李盛聪. 网络学习环境的构成要素及特征分析 [J]. 电化教育研究，2006（7）：52.

④ 王静. 美国网络学习环境的研究 [D]. 上海：华东师范大学，2005：6.

Blog 等一些经典的虚拟学习工具，支持实时或非实时的交流、沟通。学习者置身于网上虚拟教室、虚拟实验室等网络虚拟学习环境中，如同身处三维空间的现实世界并以感官与之发生交互作用，得以身临其境地体会个中社会生活场景和模拟场景。

信息资源的丰富性。网络学习环境中，信息资源是"海量"的，学习者可以根据自身需要，对信息进行筛选、探索和整合，从而形成自己对意义的建构；同时网络学习环境给学习者提供广阔的建构空间，以便于他们针对具体情境采用适当的策略进行学习。①

（2）网络学习环境构成要素。网络学习环境由学习活动、学习资源、学习支持等要素构成。

①学习活动。网络学习环境下的学习活动分为三个种类：知识学习、问题学习和策略学习。除此之外，网络学习环境下的学习还包括一些特殊的学习策略，如：浏览策略、搜索策略、交流与合作策略等。

②学习资源。学习资源是指在教学系统或学习系统所创设的学习环境中，学习者在学习过程中可以利用的一切显现的或潜隐的条件。

学习资源包括人类和非人类资源，人类资源包括指导者、学习伙伴、学习团体；非人类资源主要是物化资源，包括学习设施、设备，学习材料、工具。②

网络上的资源主要包括以下几个方面：

人类资源：包括学习伙伴；有组织的学习小组；非组织性的讨论小组；指导教师；在线专家；网络社团；网友，等等。

非人类资源：包括基于网络的课程；结构化的学习资料库；基于网络的网络题库；基于网络的网络图书馆；非结构化资源，主要是各种主题站点；基于网络的学习工具，等等。

③学习支持。针对不同策略的学习，要提供相应的支持，使策略学习成为学习过程中的自觉活动。

---

① 卢锋. 网络学习环境的特征与设计［J］. 现代远程教育研究，2001（3）：28-29.

② 邢斌. 浅谈初中道德与法制课题教学资源的开发［J］. 教育理论与实践，2018（8）：61-63.

不同的学习活动所对应的学习支持如表 2-2 所示，需要指出的是，学习活动和学习支持不是一对一的关系，一种学习活动往往需要多种支持方式。

表 2-2　　　　　　　　　不同的学习活动所对应的学习支持①

主要的学习活动		学 习 支 持	
		学习资源和工具	教学策略
良构领域知识学习	浏览	WEB 浏览器、基于 WEB 的智能教学系统及课程、导航图	抛锚式、十字交叉形、提示、暗示
	搜索	WEB 搜索工具、资源库系统	
	交流	交流与协作系统、讨论小组、指导教师、学习伙伴	合作学习、抛锚式、教练指导和建议、反馈
	生成	WEB 课件写作工具	
	评价	WEB 题库系统、指导教师	测评、诊断、反思
非良构领域知识学习	问题解决	问题表征 方案设计 尝试解答 评价结果	问题表征工具 资源库系统 交流与协作系统	抛锚式、建模、学徒制、十字交叉形、支架、淡出 合作学习、指导和建议、小组评价、反思
	策略学习	计划 管理 调节 检验 评价 领悟	WEB 上的笔记本工具 基于 WEB 的智能教学系统 可修改（open-ended）课程材料 交流与协作系统 指导教师、榜样	教练 指导和建议 合作学习 小组评价 反思

2. 网络学习环境理论对本书的指导意义

网络学习环境理论的研究表明，开展现代远程教育需要建设完备的用于信息传输的硬件设施，且它所传输的信息应具有数字化、网络化、多媒体和能交互的

① 王静．美国网络学习环境的研究［D］．上海：华东师范大学，2005：6-8.

特点，因此，计算机网络设施是十分重要的条件。另外，网络学习环境中还必须包含丰富的教学资源和完备的网络学习支撑环境。如：有适用的自测练习、虚拟实验、学习思路和方法的指导，等等；在由软硬件支撑的教学平台上，有及时的辅导、答疑等动态教学资源和信息；还应有远程学习咨询、课程资源导航以及能实施网上的教务及考务管理，等等。

因此，本书在设计 MOOC 视域下的民办高等学校学分制方案时，既要考虑到教学资源的丰富性，又要关注教学过程的交互性。既要重视网络的物理环境建设，包括网络建设、多媒体设施等，又要重视资源环境建设，包括各种类型的供学习者使用的信息资源，教学平台及工具等；还要重视人文环境建设，即学习者与学习者、学习者与教师、家长以及学习资源、教学平台等之间在交互过程中所形成的氛围，等等。

3 民办高校实施学分制面临的问题

——基于四所民办高校的调查

我国高等学校学分制改革在不同省区、不同高等学校间发展不平衡，尤其体现在公办高等学校和民办高等学校间的差距。民办高等学校因发展历史、办学体制、办学条件、管理方式等方面的不同，采取的学分制的运行模式不尽相同，在进行学分制实施的过程中面临着一些现实困境和问题。本书通过对中部地区四所民办高等学校的调研，力图剖析民办高等学校在推行学分制改革中存在的主要问题。基于这些问题的存在，提出运用MOOC设计民办高等学校学分制改革方案，解决民办高等学校在推行学分制改革中存在的问题，促进民办高等学校学分制改革与发展。

3.1 基于四所民办高校的调查

3.1.1 调查对象、方法和过程

1. 调查对象

本书选取我国中部地区的A、B、C、D四所民办高等学校的管理者、任课教师、学生为调查对象。

A校为中部H省的一所全日制普通本科高等学校。学校现设有机电工程学院、电子信息工程学院、计算机科学学院、生命科学与化学学院、管理学院、经济学院、传媒与艺术设计学院、文法学院、外国语言文学学院、国际教育学院等

11个学院，思想政治理论课部、基础课部2个课部，79个普通本专科专业，拥有1个省级重点学科、3个省级重点本科专业。共有学生15829人，教师805人（其中，专职教师438人，兼职教师367人）。

B校为中部H省的一所以工学为主，经、管、文、艺等学科协调发展的多科性教学型本科院校。学校设有机械工程系、电气信息系、生化工程系、土木工程系、管理系、经济系、外国语系和艺术设计系，开设有36个本科专业，15个专科专业，在校生1万余人。学院有专兼职任教师478人（其中专职教师296人，兼职教师182人）。

C校为中部J省的一所全日制普通本科高等学校，是以培养创意设计、工程技术、市场推广和经营管理高级专门人才为主的专业性院校。学校开设7个分院和2个教学部，19个本科专业、20多个专科专业。在校生12200人，有专兼职教师434人（其中专人教师283人，兼职教师151人）。

D校为中部H省的一所多学科、综合性普通本科高等学校。学校教学和科研工作总体覆盖文、法、工、经、管、教、艺术7大学科门类，坚持"结构合理、重点突出、特色鲜明、优势互补"的专业建设思路，建有39个本科专业、18个专科专业。在校生13291人，有专兼职教师551人（其中专任教师370人，兼职教师，181）。

2. 调查方法和过程

本书采用访谈法和问卷法进行相关调查。

（1）访谈法。分别对四所民办高等学校的高等学校主管教学的副校长、教务处长，以及不同岗位上的管理者进行深度访谈，了解学校的基本情况，获得该校在师资队伍、课程设置、学校资源等方面真实的第一手材料和数据。四所学校共访谈了8位高等学校管理者和18位高等学校教师。

（2）问卷法。问卷调查部分采用团体施测方法，向四所学校的一至四年级学生发放问卷。问卷调查采取"问卷星"、现场发放填写等形式，共发放4800份问卷，回收问卷4800份，回收率100%，有效回收问卷4200份，有效率85.00%。其中两所民办高等学校通过手机微信，选用"问卷星"进行在线问卷调查，本次调查通过"问卷星"共发放网络问卷 2800 份，回收 2800 份，回收率 100%，有效问卷 2500 份，有效率 89.29%。另外两所民办高等学校随机发放纸质问卷，共发放纸质问卷 2000 份，回收 2000 份，回收率 100%，其中有效问卷 1700 份，有效率 87.15%。

问卷调查表回收后，我们首先对回收的问卷调查表进行了预处理，去掉了其中空白的、从头到尾均选同一选项的以及其他明显无用的问卷表。然后，对余下的 4200 份有效调查问卷进行了编码处理，根据李克特五点式计分法，用 5、4、3、2、1 分别代表不同的级别和程度，如"非常同意""同意""一般""不同意"及"非常不同意"，或者"过多""较多""合适""过少""太少"等，采用 Spss for windowsill. 0 软件，结合频率分析和交叉分析统计方法，对调查结果进行系统分析。

3.1.2　调查内容和结果

1. 调查内容

调查旨在了解四所民办高等学校的基本条件；了解学生对现有课程体系、课程质量的反映；了解学生对待 MOOC 和实行学分制的态度等问题。

调查分两部分内容，访谈部分是了解学校基本情况，包括学校人数、师生比例、涵盖学科、教学条件、实行学分制情况等，共 19 道题目（见附录一）。问卷部分包括学生对学分制的态度、对学校课程体系的满意度、对学校选修课程数量的满意度、对课程教学质量的满意度、对在线课程的看法，等等，共 12 道题目（见附录二）。问卷内容采用 Likert（李克特）五级量表进行调查，采用的五级态度是："非常同意""同意""一般""不同意"及"非常不同意"，或者类似的表达如"过多""较多""合适""过少""太少"等，分别表示对问题感觉的强烈程度，相应赋值为"5""4""3""2"和"1"。

2. 调查结果

针对四所民办高等学校的管理者的深度访谈，掌握了四所学校的第一手资料，四所民办高等学校的基本情况如表 3-1 所示。

表 3-1　　　　　　　　　　　四所民办高等学校的基本情况

学校名称	学校总人数（人）	教师数（人）	学生数（人）	生师比	涵盖学科数（个）	教室是否充足	是否有局域网	实行学年制、学年学分制，还是学分制	是否购买了 MOOC 课程
A 校	16634	805（其中，专职教师 438 人，兼职教师 367 人）	15829	19.7：1	7	是	是	学年学分制	是
B 校	11453	478（其中专职教师 296 人，兼职教师 182 人）	10680	22.3：1	11	是	是	学年学分制	否
C 校	12763	434（其中专人教师 283 人，兼职教师 151 人）	12200	28.1：1	5	否	是	学年学分制	是
D 校	13842	551（其中专任教师 370 人，兼职教师，181）	13291	24.1：1	7	否	否	学年学分制	否

　　根据四所民办高等学校的学生回收问卷的统计，学生问卷调查结果如表 3-2 所示。

表 3-2   四所民办高等学校关于学分制的学生问卷调查结果汇总表

内 容	态度和看法				
对实行学分制的态度	非常支持 （30%）	支持 （50%）	一般 （12%）	反对 （6%）	非常反对 （2%）
对现有课程体系的满意度	非常满意 （12%）	满意 （10%）	一般 （20%）	不满意 （38%）	非常不满意 （20%）
对现有课程中公共课学分占比态度	占比过大 （45%）	占比较大 （30%）	占比合适 （20%）	占比较小 （3%）	占比过小 （2%）
对现有课程中通识选修课学分占比态度	占比过大 （13%）	占比较大 （10%）	占比合适 （25%）	占比较小 （40%）	占比过小 （12%）
对现有课程中专业基础课学分占比态度	占比过大 （11%）	占比较大 （14%）	占比合适 （30%）	占比较小 （25%）	占比过小 （20%）
对现有课程中专业课学分占比态度	占比过大 （24%）	占比较大 （14%）	占比合适 （28%）	占比较小 （22%）	占比过小 （12%）
对现有课程质量的满意度	非常满意 （4%）	满意 （6%）	一般 （26%）	不满意 （34%）	非常不满意 （30%）
对现有选修课程数量的态度	课程数量过多（5%）	课程数量较多（10%）	课程数量合适（16%）	课程数量较少（29%）	课程数量过少（40%）
是否愿意选修在线优质课程	非常愿意 （58%）	愿意 （20%）	一般 （16%）	不愿意 （4%）	非常不愿意 （2%）
对"学校今后课程设置和实施学分制应增加的课程"的建议	认为应该上好现有的课程（30%）；认为应该多开一些通识选修课或讲座（50%）；认为应该多开设专业技能课（15%）；认为应该多开设跨专业选修课程（5%）。				

对学生的调查结果表明：

（1）"对实行学分制的态度"，80%的学生表示"非常支持"（30%）和"支持"（50%）学分制；12%的学生选择"一般"，既不支持，也不反对；只有8%的学生持"反对"（6%）或"非常反对"（2%）的态度（见图3-1）。说明学生普遍赞成实行学分制。

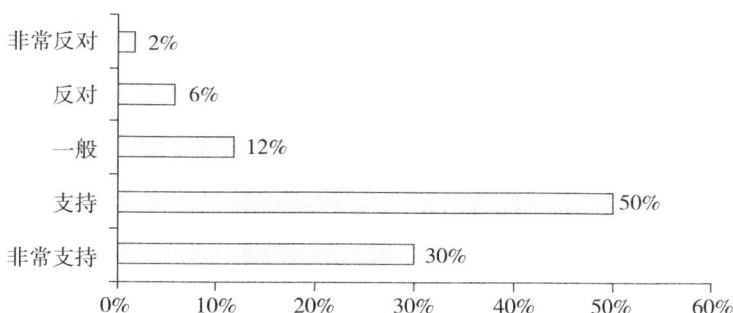

图 3-1 学生对实行学分制的态度

（2）"对现有课程体系的满意度"，58% 的学生选择 "非常不满意"（20%）或者 "不满意"（38%）；20% 的学生选择 "一般"；只有 22% 的学生选择 "满意"（10%）或 "非常满意"（20%）（见图 3-2）。说明大部分学生对现有的课程体系不太满意，需要调整和完善现有的课程体系。

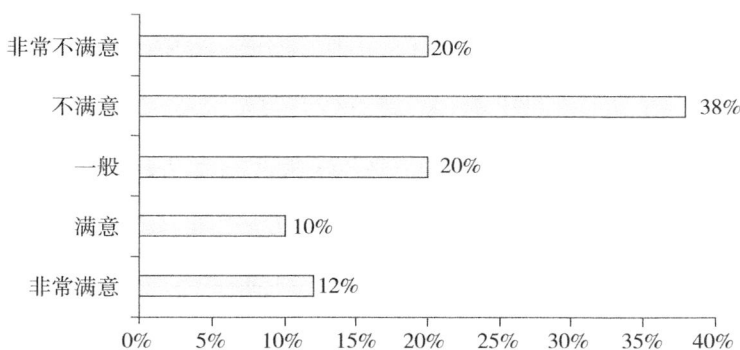

图 3-2 对现有课程体系的满意度

（3）对 "公共课、通识选修课、专业基础课、专业课四个板块的学分比例分配的看法"，75% 的学生认为公共课占比太大（45%）或较大（30%），20% 的学生认为占比合适，5% 的学生认为占比太小（3%）或过小（2%）；52% 的学生认为通识选修课占比较小（40%）或过小（12%），25% 的学生认为占比合适，23% 的学生认为占比较大（10%）或过大（13%）；30% 以上的学生认为专业基

81

础课占比合适，25%的学生认为占比太大（11%）或较大（14%），45%的学生
认为占比太小（20%）或较小（25%）；38%以上的学生认为专业课占比太大
（24%）或过较大（14%），28%的学生认为占比合适，34%的学生认为占比太小
（12%）或较小（22%）（见图3-3，图3-4，图3-5，图3-6）。说明现有的课程结
构不太合理，公共必修课程占比太大，通识教育课程占比较小，专业课程的占比
比较合适，课程结构尚需调整和优化。

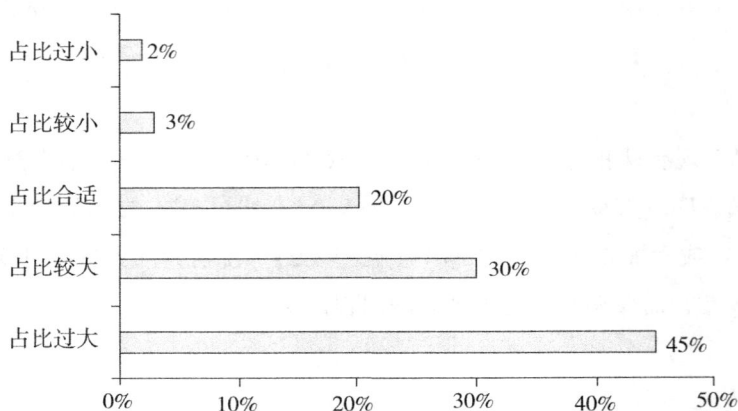

图 3-3　对现有课程中公共课学分占比态度

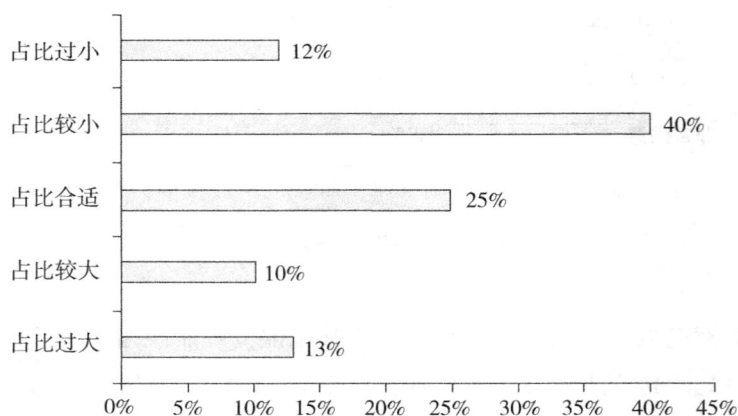

图 3-4　对现有课程中通识选修课学分占比态度

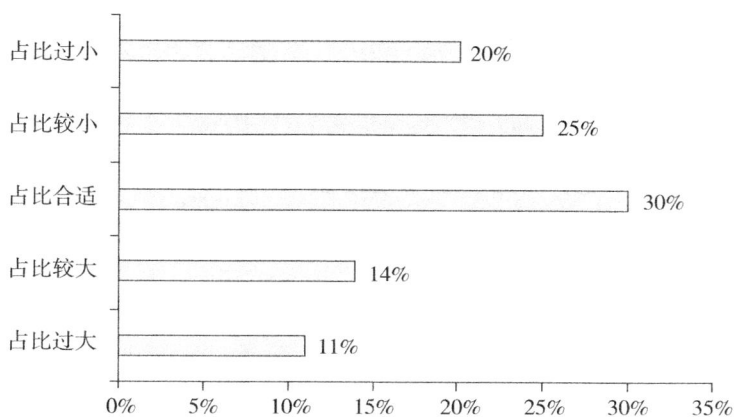

图 3-5 对现有课程中专业基础课学分占比态度

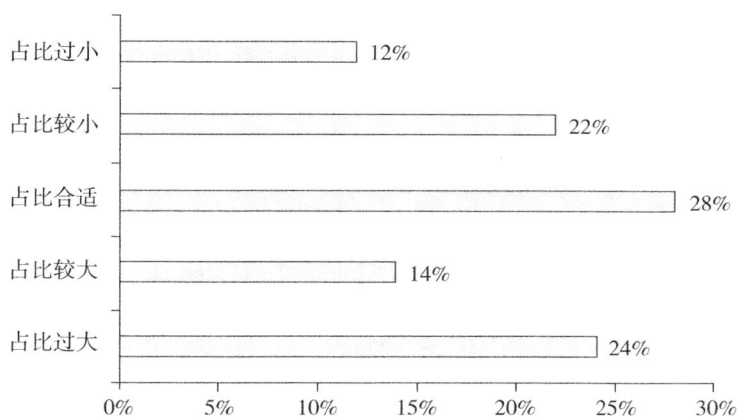

图 3-6 对现有课程中专业课学分占比态度

（4）"对现有课程质量的满意度"，64%的学生选择"非常不满意"（30%）和"不满意"（34%），26%的学生选择"一般"，只有10%的学生选择"非常满意"（4%）和"满意"（6%）（见图3-7）。说明大多数民办高校的学生对当前的课程质量不太满意，需要改进课程教学。

（5）"对现有选修课程数量的态度"，79%的学生认为选修课"过少"（40%）或"较少"（29%），15%的学生认为"太多"（5%）或"较多"（10%），只有

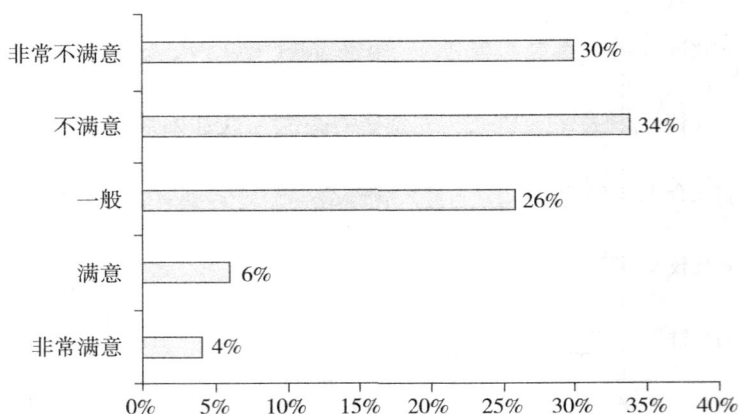

图 3-7 对现有课程质量的满意度

16%的学生认为"合适"（见图 3-8）。说明选修课程占比太小，不能满足学生需求。

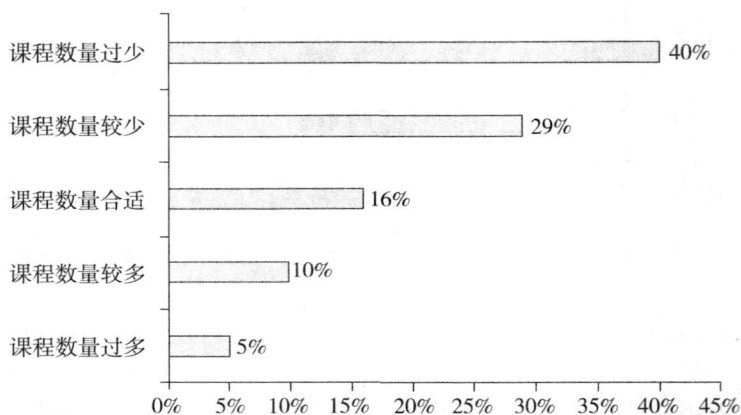

图 3-8 对现有选修课程数量的态度

（6）关于"是否愿意选修在线优质课程"，78%的学生表示"非常愿意"（58%）或"愿意"（20%），16%的学生表示"一般"，只有6%的学生表示"不愿意"（4%）或"非常不愿意"（2%）（见图 3-9）。说明大部分学生都倾向运用现代信息技术获取高质量的课程。

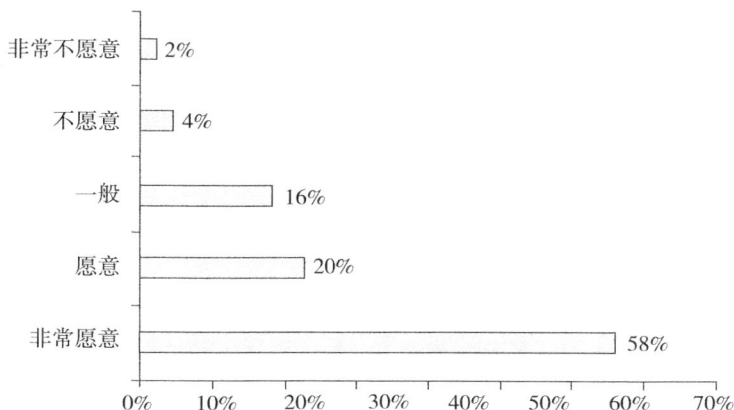

图 3-9   是否愿意选修在线优质课程

（7）对"学校今后课程设置和实施学分制应增加的课程"，30%的学生认为应该上好现有的课程；50%的学生认为应该多开一些通识选修课或讲座；15%的学生认为应该多开设专业技能训练课；5%的学生认为应该多开设跨专业选修课程。说明学生普遍对开设多种选修课程要求迫切。

对以上调查结果的深度分析将在下一节进行详细论述。

3.2   民办高校实施学分制面临的问题分析

学分制是一种基于完善的制度和重组资源条件下进行的现代化的教学管理改革。相对公办高等学校较为成熟的管理体制和相对充足的办学资源，民办高等学校因办学历史较短、文化底蕴不深、办学条件不优、资金投入有限、社会声誉不高，在某种程度上可以说，我国民办高等学校是在缺资金、缺理念、缺队伍的情况下兴办发展起来的，面临着更大的生存和发展压力，① 其推行学分制面临的问

① 朱为鸿，苏文兰. 我国民办高校的大学形象及其塑造 ［J］. 现代教育管理，2007（5）：76-77.

题也十分突出。

本书通过与中部四所民办高等学校：A 校、B 校、C 校、D 校的教学管理者、学生管理工作者、技术服务部门以及学生等不同岗位，不同角色进行问卷调查、访谈和交流，并作为样本案例予以分析，以期更客观地呈现一些感官上的认知。通过整理归纳，对于学分制改革实施的现状和存在的问题主要表现在以下几个方面。

3.2.1　学科专业设置单一，课程面狭窄

我国民办高等学校特别是一些理工类院校，在专业设置方面，由于需要大量科研、研发的设备和资金，资金投入难度较大，因而许多需要占用资源多的专业都无法开设。同时由于一些民办高等学校在人才培养过程中对于其自身的办学定位及人才培养的目标定位不够明确，在学科专业设置时偏向功利性，主要以市场需求和办学招生需要为导向来开设专业，学校的专业设置缺乏多样性。如表 3-1 显示，四所民办学校中有 2 所学校只有 5 个一级学科，学科比较单一。再如 A 校，是综合性比较强的学校，但也只涵盖了 7 个学科门类和 40 个专业（见表 3-3）。

表 3-3　　　　　　　　　　　　A 校学科专业结构

学科门类	工学	理学	文学	经济学	管理学	艺术类	法学	合计
专业数量（人）	14	2	6	3	8	5	2	40
占全部专业比例（%）	35	5	15	7.5	20	12.5	5	100

从图 3-10 中，我们也可以看出，C 校原有 6 个分院，与服装相关的占近 70%，学生的数量也相对集中，甚至一个专业的平行班级可达近 25 个。该校在 2016 年进行了院系调整，设置成五大分院，但仍然是专业相对集中化。专业设置较为集中，学科单一，不利于开设多学科的选修课，学生自由选课的愿望难以实现，这与学分制的要求是不相符合的。

学科专业分布过于集中，且每个学科专业内的课程设置数量有限，使得这些

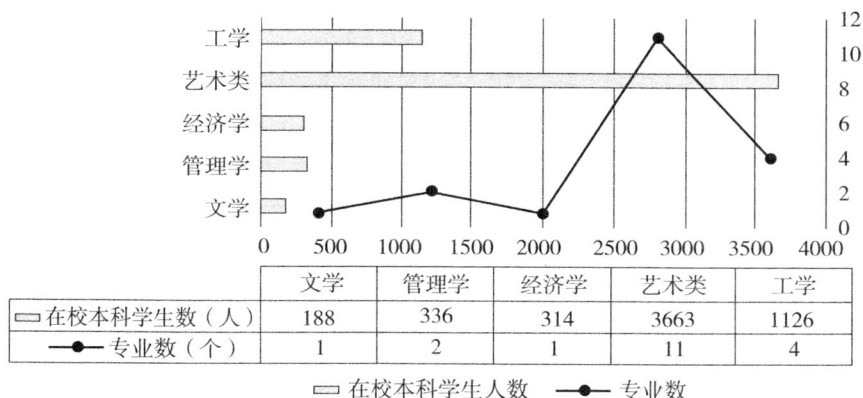

	文学	管理学	经济学	艺术类	工学
在校本科学生数（人）	188	336	314	3663	1126
专业数（个）	1	2	1	11	4

在校本科学生人数 ——●—— 专业数

图 3-10　C 校学科、专业及本科学生人数分布图

学校不能提供较多较广的课程供学生选修，学生因此无法选择更多本专业之外的跨学科课程以满足其需求，只能依据学校提供有限的课程资源进行选择，且基本以学校制定的人才培养方案计划为主，这就严重制约了学生的发展。

3.2.2　师资队伍力量薄弱

师资数量不足和水平整体不高的问题是民办高等学校发展的一个普遍性难题，师资队伍薄弱制约着民办高等学校的生存、发展和人才培养质量的提升。在学分制改革过程中，师资队伍更显重要，其存在的问题严重制约着学分制改革方案的落地施行。对于师资队伍问题，虽然各民办高等学校所面临的问题不完全相同，但也存在一些共同的问题。

1. 民办高等学校师资队伍数量不足、质量堪忧

中国高等学校整体上面临着较严重的师资不足问题。教育部发布的《2015年全国教育事业发展统计数据公报》提到全国普通高等学校生师比为 17.73，其中本科学校 17.69，高职（专科）学校 17.77。从教育部 2016 年教育统计数据来看，普通高等学校生师比为 17.07。而历史数据显示，中国普通高等学校生师比处于扩张之中（见图 3-11）。随着中国大学毛入学率的不断提高，生师比扩大的

趋势短期难以逆转。考虑到统计口径存在的问题（例如兼职教师、挂职教师、函授学员等），实际数据可能更大。这其中还存在着严重的教育资源分布不均问题，除了少数顶级高等学校之外，其他学校的教师资源不足更为严重。

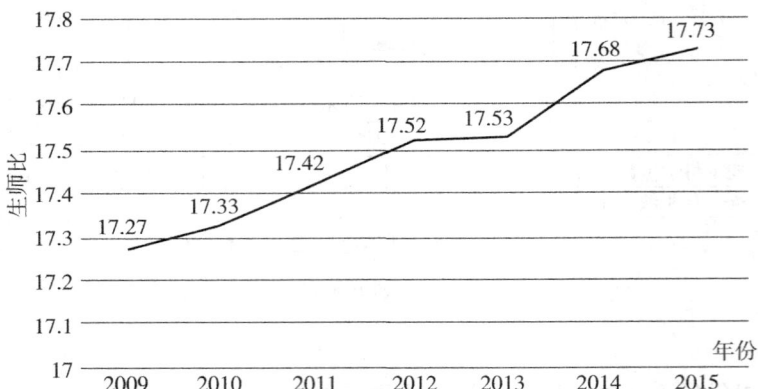

图 3-11　中国普通高校生师比变化（2009—2015）

数据来源：教育部历年《全国教育事业发展统计数据公报》。

据统计，世界一流大学的生师比是 6∶13.6。① 依据教育部教发〔2004〕2号文件，普通高等学校师生比合格标准为 18。而民办高等学校的师生比远远超出这一标准。从上表 3-1 中可以看出，四所民办高等学校的生师比分别是：19.7、22.3、28.1、24.1。这与教育部规定的师生比相比相去甚远，说明民办高等学校的师资力量十分薄弱。具体到一些高等学校，因为地域、专业差别，师资缺口更大。很多高等学校不能保证基本的教学任务，必须外聘教师，而外聘的教师又极不稳定，且不便管理。

民办高等学校不仅教师数量严重不足，教师的质量也令人担忧。从上面的学生问卷调查中我们可以发现，64%的学生对民办高等学校的教学质量不满意或非常不满意，26%的学生认为一般，只有10%的学生认为非常满意或满意。

由于民办高等学校的办学性质，其师资队伍结构不尽合理，以新进的年轻教

① 郭栋.师生比视角下我国高等教育的教师数量分析［J］.河南社会科学，2014（8）：97-98.

师和"自发资源"教师（退休教师）为主，教师的年龄结构、职称结构和学历结构都严重失调，这种现象制约着民办高等学校的办学质量。表 3-4 是 A 校与本省其他两所大学（武汉大学、湖北大学）师资队伍结构比较，由此可以看出 A 校师资队伍现况。

表 3-4　　　　武汉大学、湖北大学与 A 校三校教师结构一览表

类别		武汉大学		湖北大学		A 校	
		教师数量（人）	所占比例（%）	教师数量（人）	所占比例（%）	教师数量（人）	所占比例（%）
总计		3747	/	1229	/	805	/
职称	正高级	1275	34.03	290	23.60	79	9.80
	副高级	1472	39.28	513	43.80	270	33.50
	中级	947	25.27	426	34.60	344	42.80
	初级	53	1.41			72	9
	未评级	/	/			40	4.90
学位	博士	2894	77.24	725	59.07	114	14.20
	硕士	627	16.70	377	30.70	510	63.40
	学士	223	5.95	127	10.30	142	17.60
	无学位	/				39	4.80
年龄	35 岁及以下	627	16.70	216	17.60	231	28.70
	36—45 岁	1482	39.55	542	44.40	358	44.50
	46—55 岁	1237	33.01	358	29.10	112	13.90
	56 岁及以上	401	10.70	113	9.20	104	12.90

注：以上数据来自武汉大学 2015—2016 年度本科教学质量报告、湖北大学和 A 校 2016—2017 年度本科教学质量报告。

从表 3-4 可以看出，A 校在师资的职称结构、学历结构和年龄结构上与其他两所学校都有较大差距。

（1）职称结构方面。武汉大学具有正高职称的教师占比 34.03%，具有副

高职称的教师占比 29.28%，高级职称教师共占比 63.31%，高级职称比例超过教师总数的一半以上。湖北大学具有正高职称的教师占比 23.60%，具有副高职称的教师占比 43.80%，高级职称教师共占比 67.40%，高级职称比例也超过教师总数的一半以上。而 A 校具有正高职称的教师占比 9.80%，具有副高职称的教师占比 33.50%，高级职称教师共占比 43.30%，高级职称比例低于教师总数的一半。

武汉大学与湖北大学占比最高的是副高级教师，而 A 校占比最高的是中级教师，但是武汉大学的正高级与副高级教师数量相差无几，湖北大学的正高级教师也是副高级教师数量的一半，而 A 校的正、副高级教师数量占比相差 23.7%，正高职称教师在教师总数中占比不到 10%，副高职称教师占了教师总数的 33.50%。

（2）学历结构方面。武汉大学的教师 77% 都拥有博士学位，湖北大学拥有博士学位的教师也有 59.07%，但是在 A 校的教师中，拥有硕士学位的教师占多数，占比 63.40%，其拥有博士学位的教师只占 14.20%，与其学士学位教师数量 17.06% 接近，还有 4.80% 的教师没有学位。

（3）年龄结构方面。三所高等学校的教师年龄分布均呈橄榄形，以 36—45 岁的教师占多数。但是武汉大学在 36—45 岁和 46—55 岁两个年龄的教师占比相近；湖北大学和 A 校以 36—45 岁的教师为主。说明 A 校的年轻教师占比较大，这与上文所说的 A 校毕业分配来的新教师较多等有关。

除此之外，教师的专兼职结构也不合理。兼职教师所占比例太大（见表 3-5），表 3-5 显示，A 校的兼职教师几乎跟专职教师数量相当。兼职教师比例过大不利于教学管理，更不利于教学质量的提高。

表 3-5　　　　　　　　　四所学校专、兼职教师数（人）

学校名称	A 校	B 校	C 校	D 校
教师总数	805	478	434	551
专职教师数	438	296	283	370
兼职教师数	367	182	151	181
专、兼职教师比例	1.2∶1	1.6∶1	1.88∶1	2.0∶1

从表 3-4、表 3-5 的师资队伍结构中我们可以看出，民办高等学校教师队伍，无论是学历结构、职称结构、年龄结构，还是专兼职教师结构，都不太合理，这种师资结构状况和质量都无法满足现代学分制对师资力量的要求。

教师队伍的年轻化可以为教师队伍带来活力，但中青年骨干教师的相对缺乏，不能对年轻的教师进行教学指导，无法带动青年教师更好地学习成才，年轻教师教学经验不足，影响教学质量的提高。另外，老、中、青年教师比例失调，更易导致整个民办高等学校教师队伍年龄的断层。

职称结构不合理更是民办高等学校普遍存在的问题，初级和高级职称人数多，中级职称人数少，这就形成了中间小、两头大的畸形结构，且高级职称教师绝大多数是公办高等学校的退休教师，他们虽有丰富的教学和科研经验，但随着年龄的增长，已无法投入太多的精力到教学和科研活动中。

由上面的分析可以看出，我国民办高等学校师资队伍在数量和质量上仍然不能满足客观现实的需要，因此，我国民办高等学校还需付出更多的努力，构建结构合理的师资队伍。

2. 民办高等学校师资队伍发展不稳定，师资流动性大

由于经济待遇、学术生态环境、个人发展等多方面的原因，民办高等学校的人才流失问题非常严重。民办高等学校成为很多年轻人刚毕业时临时过渡的单位，也成为很多公办高等学校年龄大的教师退休后发挥余热的舞台，人才的频繁流动，使得民办高等学校失去核心竞争力，对民办高等学校的教学、科研、学生的身心发展、教学的不连续性等都产生了很多不良的影响。[1]

从国家层面来看，《民办教育促进法》的颁布和实施为民办高等学校的发展提供了政策上的支持，但由于其界定模糊和落实力度不够，民办高等学校发展的保障政策仍然不到位，在职称评定和福利待遇等多方面远不如公立高等学校，许多教师会由于心态上的失衡而选择离开。从社会层面来看，当今社会体制下，"铁饭碗"仍是人们的优先择业观，大多数人认为进入民办高等学校，没有终身保障，这就直接导致了教师们缺乏归属感，许多青年教师在社会压力影响下很难

---

[1] 赵喜凤. 民办高校人才流失的现状及对策研究 [D]. 郑州：河南大学，2013：38.

有稳定的心态，这也是造成民办高等学校人才流失的直接原因。从个人发展的层面来看，由于民办高等学校很多年轻教师抱着在民办高等学校过渡下工作的心态，没有长远的职业发展规划，一心想着跳槽，因此也没有投入太多的精力在工作之中。另外，民办高等学校管理层与教职工之间利益矛盾较为明显，学校对教师的生活情况、工作状态等人文关怀不够，这也造成了民办高等学校教师流失较大。①

调查发现，四所民办高等学校的教师流失人数都比较多，其中以 D 校最为突出。由表 3-6 可以看出，D 校每年教师流出的数量相当惊人（见表 3-6）。

表 3-6　　　　　　　　　D 校 2012—2016 年度人才流失情况统计表

年　份	2012	2013	2014	2015	2016
教师总数（人）	433	536	564	630	551
流失人数（人）	91	68	60	65	59
流失比例（%）	21.02	12.67	10.64	10.32	10.71

访谈中 B 校和 D 校几个学校的教学管理工作者都对人才流失问题深感困惑而又找不出好的解决办法。两所院校每学期期末都会有教师辞职，B 校教务处工作人员说，B 校的一个学院最近一学期末流失 15 位教师，达到学院教师总数的 36%。而新学期新生进校在即，学院不得不暑假紧急降低要求重新招聘，严重影响教学质量。

民办高等学校教师流动性大，使得现有教师普遍超负荷承担教学工作量。由于教师队伍的不稳定，在进行学分制改革的过程中，进行自主选择教师时，多数情况下并没有多少选择余地，有些课程只有一名教师开课，还有些课程因教师流失后无法开课而被取消。因此，教师队伍的流动和不稳定性也导致自主选择教师成为一句空话，教师不足问题成为学分制改革的一个重要障碍。

---

① 李欣. 试论当前我国民办高校人才队伍建设中存在的问题及其对策 [J]. 科教导刊（上旬刊），2013（3）：23-24.

3. 民办高等学校教师队伍认同感不强，教学投入度不够，教学水平亟待提高

由于社会观念和人事编制问题，民办高等学校教师对学校的认同感、归属感都不够强，很多人认为民办高等学校低人一等，在民办高等学校工作没有长远性和规划性，把民办高等学校当作跳板，工作的态度不够积极。部分教师在工作的同时通过一些其他途径，比如学历提升、考公务员等跳槽到薪资待遇、科研条件等较好的高等学校。尤其是跳槽到公办高等学校，即使待遇不如以前，一旦有机会，教师都选择辞职。没有归属感和认同感也导致民办高等学校教师对职业的热情度不高，很多教师是抱着上课完成任务的心态，很少主动进行教学研究、知识更新，这些都不利于民办高等学校教师教学水平和综合素质的提高。

民办高等学校教师水平相对较低与其师资队伍的结构比例和来源也是直接相关的。一部分原因是青年教师较多，教学经验不足，对于教学规律的掌握和教学内容的研究还不够，对于教学生涯的发展也缺乏长远的规划，随之带来的是对教学课堂的把控、对学生学习的引导、对教学内容的创新和拓展显得相对力不从心，甚至年轻教师被学生"投诉下课"的现象也时有发生。另一方面民办高等学校还有一部分教师来自退休人员的"银发队伍"，这部分教师中有些人虽然有一定的教学经验，但缺乏创新性，缺乏时代感。在如此信息发达和更迭的时代，教学手段和教学模式都随着时代的变化发生了翻天覆地的变化，但是这些教师中有一部分人内心抵触新事物，不愿改变，依然用落后的方法和陈旧的内容来教学，而学生在求知过程中期待接受新事物、新知识，在这种状况下，也会产生教师教学能力水平与学生学习需求之间的矛盾。

民办高等学校教师在经过多年的教学实践后，可以胜任大多数课程的教学，但大多数民办高等学校由于师资、经费等多因素的限制，缺乏教师培训，使得教师无法跟上社会发展的步伐，也无法提高教师的教学技能技巧，教师的专业水平并没有得到提升，大大影响了教师自身的发展和民办高等学校教学质量的提高。

因此，民办高等学校师资队伍现状从根本上制约着学分制的实施，也影响着教学改革的推行，从而影响学校的教学质量提升。

3.2.3　培养方案及课程设置不尽合理

人才培养方案是学生进校后进行学习和课程修读的指导性文件，是高等学校顺利实现培养目标的顶层设计。学分制的实施与整个学校的培养方案及课程设置分不开，它要求课程设置总量要大于学年制，要为学生提供一定数量的可供选择的课程。目前我国民办高等学校在人才培养方案的制订和课程设置方面都存在一些问题，影响到学分制的顺利实施。

1. 人才培养方案总体框架不尽合理

虽然目前很多民办高等学校名义上实行的是学年学分制，但是实际上跟学年制差别不大，因为这些民办高等学校的课程体系中大部分都是必修课，选修课程比例太小，没有多少课程可供选择，因此以选课制为特色的学分制在很多民办高等学校学校名不副实。

访谈中，A、B、C、D四所高等学校教务处管理人员与二级分院管理人员都是直接参与培养方案制订工作的，他们表示制定培养方案时，如何协调公共课与专业课学时比例分配是一个非常矛盾的问题。公共课基本都有教育部或教育厅文件要求（思政课、军事理论课、就业指导课、创新创业课、心理健康课等），这些公共类课程占据了相当比例时间，很多通识教育选修课、专业基础课和专业课无法合理安排。在国家政策文件下，在保证这些课程不打折扣开设的前提下，就必须不断通过减、删、并、改等措施达到一定平衡，某种程度上具有随意性，在实施上显现为被动性，不得已改之，这样使得学生的知识模块不尽完整（见表3-7）。

表 3-7　　　　　　　　**B 校本科生课程结构及学分、学时分配表**

课　程　类　别		学　分　分　配		学　时　分　配	
		学分（分）	百分比（%）	学时（时）	百分比（%）
通识教育课程	公共必修课程	50	30.12	901	38.2
	公共选修课程	6	3.61	96	4.1

课 程 类 别		学 分 分 配		学 时 分 配	
		学分（分）	百分比（%）	学时（时）	百分比（%）
学科专业课程	学科基础课	27	16.27	432	18.3
	专业必修课	36	21.69	576	24.4
	专业选修课	22	13.25	352	14.9
集中性实践教学环节	必修	25	15.06		
合计		166	100.00	2357	100

从表3-7可见，B校总学分为166学分，公共必修课程占30.12%，学科基础课和专业必修课分别占18.3%、24.4%，专业选修课占14.9%，集中性实践教学环节（必修）占15.06%，通识选修课占总学分的4.1%。上表中必修课程占比太大，而选修课程所占学分比例太小，课程结构极不合理。

2. 选修课程数量有限，无法满足学生的选课要求

实施学分制，让学生自由选课，每个学生在学校总体课程规划下，结合自身情况进行选择，"选其想学，学其所选"是学分制的主要目标。但在实际过程中，由于民办高等学校专业学科涵盖面较少，加上师资缺乏，因而学校开设的可供选修的课程太少，学生无课可选。有些课程即使可以开设，教学安排上又无法提供足够的空间，课程冲突较多。

如D校开设的选修课程中（如表3-8），通识教育课程主要是教育部规定的公共必修课。而跨专业通选修课每个专业只开设3—4门课程，如文学专业只开设大学语文和公文写作，计算机专业开设多媒体应用技术、高级语言程序设计、数据库技术应用等，虽然该校培养计划中公布了80门通选课程，但是实际上能够按时开出的全校跨专业通选课程只有40多门。表3-8显示，2016—2017年第一学期，该校跨专业通选课程只有11门。没有足够的课程可供选择，使得很多民办高等学校的学分制实施名不副实。

另外，有的高等学校选修课课程设置零散、课程内在结构失衡，学生选不到高质量的课程，或者仅有的"好课程"人满为患选不上。更为重要的是，民办高等学校因师资队伍流动性大的问题而带来的临时开课、临时停课、因人设课、缺课少课等现象严重，在这种状况下，学分制选课制的实施也存在着现实的困难。

表 3-8 **D 校 2014—2015 学年第一学期跨专业通选课程**

序号	开课学院	课程名称	选课人数（人）
1	外国语学院	英汉翻译技巧	197
2	管理学院	管理学	200
3	管理学院	导游基础知识	200
4	艺术设计学院	美术鉴赏	245
5	文法学院	毛泽东诗词赏析	198
6	经济学院	管理学	199
7	音乐学院	中外经典声乐作品赏析	200
8	音乐学院	中外经典声乐作品赏析	196
9	音乐学院	中外钢琴名曲赏析	200
10	音乐学院	公关礼仪与实务	199
11	计算机科学与技术学院	现代教学方法讲座	66

3.2.4 基本教学条件不够完善，管理水平相对滞后

民办高等学校属于自筹资金办学，学费收入是其运行的主要来源，缺少政府和其他渠道的资金支持，因此，很多民办高等学校在办学的土地规模，教室配备，图书馆建设，多媒体教室建设，信息化管理系统、校园网局域网建设上都不够充足。

1. 教学资金投入有限

学分制改革的推进在很大程度上是需要高等学校持续投入的，包括投入弥补硬件条件的短缺，后期课程建设，特别是在引进足够教师、教师能力的提升以及课程多样性、可选择性等方面均需要持续性投入。民办高等学校由于属于自筹资金办学，缺少其他渠道和政府资金的支持，因此，在资金投入上备受制约，在资

金使用分配上难以平衡，处处显得"小心谨慎"，这些都制约着民办高等学校学分制的顺利推行。另外，由于民办高等学校属于盈利机构，很多民办高等学校将所收的学费用于投资房地产等其他行业（事实上，这些投入由于受社会经济等多方面的影响，或者是因为经营管理不善，很多高等学校在这方面的投入都失败了，甚至因此背负着沉重的债务，给学校的长远发展带来巨大影响），而教学投入极少。访谈中，A、B、C、D四校相关部门负责人都表示学校经费紧张，教学资金投入有限。

2. 教学场地不足

在校舍建设上，因为需要接受教育部本科教学工作的评估，民办高等学校基本上完成了自身的校园基础设施建设、但在生均用地、生均图书、生均多媒体配备上、局域网校园覆盖上还存在一定缺口。甚至部分民办高等学校还存在借用、租用教学楼用于教学，学校无法提供充足的教学场地的现象，即使有一定数量的教室，但教室的设施简陋，缺乏学习的氛围，也在一定程度上影响了学生的学习兴趣和学习积极性。如D校教室严重短缺，教室破旧，桌椅损坏严重。

3. 教学管理技术和手段落后

学分制实施的重要条件是有高速的信息网络和现代化信息管理系统。但部分民办高等学校对教学资源信息化、教务管理信息化和现代化认识不够，学校没有现代化的办公系统、排课选课软件，管理方式陈旧滞后，有的学校对现代化的信息资源建设，课程库建设等持观望和保守的态度。在访谈过程中，我们发现，D校没有配备校园网，没有购买现代化的教学管理信息系统。A校、B校、C校虽然均购买了相应的教学管理信息系统，但都是较为简易的初级版本。还有些学校为了节约经费，自行开发低成本的、不完善、不稳定的系统，而学生进行学分修读，需要电脑和网络，这既是现代化管理的重要手段，也是管理优化和学分制实施的重要基础。在这种条件下，学分制的改革和实施先天条件不足，学生不能利用现代化的管理系统，跨专业、跨院，乃至跨校自由选课，学分制最基本的物质保障无法满足，学分制的实施面临着极大的困难。

3.2.5 学生选课盲目缺乏导向，学习自主性不强

在我国传统应试教育观的影响下，学生已习惯在教学活动中以老师为主导角色，老师安排什么，学生就学什么。很多学生缺乏对自身的认知和了解，对于"社会需要什么？""我需要什么？""我想成为一个什么样的人""我需要学哪些课程"都是盲目且茫然的。部分民办高等学校实行学分制后，没有指导教师帮助学生制定个人培养方案与选课方案，导致学生所选课程支离破碎。还有部分学生因缺乏正确认识和导师指导，在有了选课的自由后反而失去了学习的正确方向，单纯为了学分去选择课程，这不利于学生掌握合理的知识体系，也达不到学分制改革所要达到的效果。

学分制的实施给了学生选课的自主性，但同时也要求学生有学习的自觉性。而民办高等学校的学生由于在生源质量上相对其他普通或重点高等学校来说，整体素质和水平相对较低，部分学生缺乏自我管理的意识和能力，不善于自我控制、自我约束、自我规划、自主学习。这给学分制改革的顺利推进带来了一定的阻碍。

选课制是学分制的核心，自主性是学分制下学生学习的基本特征。民办高等学校部分学生选课的盲目性和学习自主性的缺失，是制约民办高等学校学分制顺利实施的重要因素。

3.2.6 制度不全与保障缺失

学分制改革是一个系统工程，它与学校的人、财、物息息相关，从学校的顶层设计人才培养方案，到教学管理制度、学费收费制度、校园信息化建设，以及出台专门的"学校学分制改革实施方案"等，每一步都关系到学分制改革是否能顺利推行。而目前民办高等学校在推行学分制改革过程中，相关的制度还不够完善和健全。

1. 缺乏与学分制改革配套的保障性制度

学分制的相关规章制度不健全，给学分制改革工作带来了阻力。民办高等学校在实行学分制过程中出现了以下问题：一些制度建设缺失，遇到事情找不到处

理依据，另外，一些规章、制度没有及时清理，旧的学年制的文件没有废止，但又不适用于学分制的情况，等等；① 教学秩序混乱，选课制度不够完善，选课时间经常发生冲突，想选的课程选不到，学生无法自由选课；没有弹性学制和完善的学籍管理办法，学生无法提前毕业等。因此，民办高等学校要实行基于 MOOC 的学分制方案，需要建立科学的选课制度，学分互认制度，学籍学分管理办法、弹性学制等相应的配套保障性制度，用于具体细化和指导基于 MOOC 的学分制方案的实施。

2. 民办高等教育收费政策急需完善

高等教育属于非义务教育，必须缴费才能入学。传统的学年制是按学年统一缴费。实行学分制改革后，要求按照学分来收费。而目前我们很多推行学分制的民办高等学校，虽然按照学分制选课，但是仍然按照学年收费，实际上是一种伪学分制，跟学年制没有什么本质区别，只是把课程的学时转换成了学分而已。

按照社会产品理论，谁消费谁受益。学生是消费者，这就存在如何保护其合法权益的问题。学生缴满学费，只要完成了相关学分就应该可以毕业。而现行学年学分制从入学到毕业都有严格的统一规定，每门课程的学习都必须限时完成，学生基本上没有选择权。特别是，对于民办高等学校，如果缩短其学习年限，学校在学费收入上也会受到一定影响，从这个角度上看，民办高等学校学分制改革也存在一定阻力。

总之，近年来为适应高等教育大众化的趋势，我国民办高等学校规模迅速扩展，而民办高等学校的投入、师资配备、基础建设的增长速度却相对慢得多，民办高等学校师生比例骤然上升，教学基础设施十分紧张。由于师资、教师、图书配备、网络建设等硬件设施不够充足，直接阻碍了学分制的实施，导致学分制在实践过程中产生了许多问题。② 针对如何解决民办高等学校学分制改革中遇到的这些问题，MOOC 应运而生，成为了人们关注的焦点。

---

① 吴运兰.中国高校学分制改革中存在的问题及对策研究［D］.上海：上海交通大学，2008：35.

② 鲍传友.关于我国高校学分制实施过程中存在的问题研究［D］.沈阳：辽宁师范大学，2003：6.

4 MOOC 的特征及其对民办高校学分制改革的影响

MOOC 作为一种新的教学手段对传统的教学理念、教学模式和教学组织形式以及高等学校的教学制度建设都带来了一系列的冲击，有很多学者认为，随着 MOOC 形式的发展和变化，将有可能引起高等教育的一场革命。MOOC 所具有的功能和特征为民办高等学校的制度创新提供了一次难得的机遇，民办高等学校如果能够很好地抓住这次机遇，必将实现跨越式发展，并且在我国高等教育中的地位将更加巩固、作用更为突出。

4.1 MOOC 的特征

MOOC 是信息技术、网络技术与优质教育资源的结合。MOOC 教学平台的出现被称为 500 年来高等教育领域最为深刻的技术变革，其授课地点在全球各地，课程讲授为远程，授课时间可随时，授课渠道比较开放，授课内容可选，受教者不受时间、地点的约束。这些特性，大大满足了高等教育多样化发展的要求。MOOC 与我国传统的高等教育教学方式相比较呈现出如下特性：大规模、开放性、个性化等。

4.1.1 大规模

MOOC 的首要表征便是它的"大规模"（Massive），大规模的内涵有四种：其一，学生规模大。MOOC 平台打破了以往传统教学在时间、空间上的壁垒，MOOC 课程学习超越了场地和学习人数的限制，这种没有人数限制的网络课堂是前所未有的。其二，课程规模大。MOOC 平台拥有海量优质课程资源，可提供无数全球范围内的优质课程。其三，参与 MOOC 使用和建设的高等学校多。自 2012 年以来，世界范围内越来越多的高等学校跻身 MOOC 联盟，参与 MOOC 的使用和建设。美国高等学校中，大部分精英大学加入了建设 MOOC 的行列。欧洲高等学校也积极响应，目前，欧洲高等学校 MOOC 课程数量已占据全世界 MOOC 课程数量的 1/3。① 在我国，参与 MOOC 建设高等学校数量持续增长，继北京大学、清华大学、复旦大学之后，各大高等学校纷纷在 MOOC 平台上开设特色课程。其四，参与 MOOC 的教师人数多。教师多以团队方式参与 MOOC 建设或课程教学，参与者甚众。

4.1.2 开放性

"开放性"是 MOOC 的又一特征，MOOC 本身就是一次教育理念的开放与革新。MOOC 作为一种开放性的教学资源且全部通过网络传播的教育形式，没有时空的限制，体现在对学习对象的全面开放、教学内容与教学形式的开放、课程资源的开放。其强调教学资源的开放性、共享性、公平性。② 开放性教育包括以下五个方面的内容：一是开放学习资料，例如文本、指南和练习；二是开放课程，包含开放课程的内容和学习设计；三是开放由自己或他人评估的标准或规则；四是开放评价体系；五是开放资格认证。③

MOOC 开放性的特征使得全球范围内的学习者只需借助于网络，即可免费获取世界顶尖的教育资源。MOOC 不仅为学习者提供了全球范围内与名师互动的机会，更不限制学习者学习科目的选择，MOOC 真正意义上提供了一个无界限和从属的平台，实现学习者的自由选择。④ 民办高等学校有望借助 MOOC 这一网络教育形式使其学分制改革具备充足的发展动力。

---

① Erasmus, Programme：Language Massive Open Online Courses [R]. Research Report on Moocs Pedagogical Framework, European Union, 2015：1-144.

② 袁莉，斯蒂芬·鲍威尔，马红亮. 大规模开放在线课程的国际现状分析 [J]. 开放教育研究，2013（6）：56.

③ 潘丽佳. MOOC 设计、学习者参与度和学习绩效的关系研究 [D]. 杭州：浙江大学，2015：16.

④ 李婧怡."慕课"对我国高等教育的影响与对策研究 [D]. 济南：山大财经大学，2015：28.

4.1.3 个性化

MOOC 提供了异步学习环境，学习者可自主决定学习进度、学习方式。在 MOOC 的支持下，学习者可以根据自己的认知风格、学习进度、个人喜好选择学习资源开展学习，因此，在网络教学环境中，学习者多层面个性化的需求可以得到满足。

MOOC 的个性化还体现在平等性和交互性方面。

一是平等性。首先，学习资源对所有学习者都是同等对待的，不会因为年龄、种族等而有所差异。MOOC 提供的学习资源是开放的，人人皆有选择和学习这些资源的权力。MOOC 的平等性也体现在 MOOC 学习的双向选择方面，兼顾了学生的个性需求。传统意义下的教育在很大程度上是"教师中心"，缺少学生自主选择教师、课程的自由性。MOOC 条件下，学生则可按照自己的爱好、志趣、规划自主选择"MOOC"，而教师要争取更多的学生，唯有提高自己的教学能力和水平，才能有学生可选，充分体现了师生平等。

二是交互性。MOOC 学习十分强调网络互动，强调学习者与教师、学习者之间、学习者与知识系统的沟通，体现出的交互性不同程度满足了个性化需求。同时，MOOC 的交互性又涵盖了它的实时性，及时地实现了学习反馈，提升了学习者参与的积极性，从而有效地提高学生的学习效果。作为一种拥有大量参与者的巨型课程，使用海量资源，学习者可以根据自己的习惯和偏好使用多种工具或平台参与学习，学习环境是开放、个性化和互动的。

4.2 MOOC 的技术背景

目前的 MOOC 建设，借助视频、道具、手机 App 以及众包等软件工具，依托阿里、腾讯等国内成熟的云服务，共同构建技术平台，为 MOOC 内容的发布和使用服务。

4.2.1 MOOC 平台的功能

与以往的精品资源课程和视频公开课等网络课程相比，MOOC 的核心竞争力体现在其与网络技术的高度融合和应用上。就技术角度而言，MOOC 具备高度开放性、丰富的教学资源、高效的交互协调机制，同时还具备对教学过程进行记录、评价等功能，基本可以满足自学的所有要求。① 因此，我们可以简单地将 MOOC 理解为虚拟课堂，因为它已经实现了实体课堂的所有功能，并且在课程信息保存上远远超越了传统的实体课堂所能保存的信息，为课堂教学质量评价提供了前所未有的便捷。

MOOC 平台的功能表现在以下几个方面：

（1）海量信息处理功能。因为 MOOC 具有高度的开放性，且大部分平台无需缴纳任何费用，学习者规模庞大，因此，平台具备较高的并发性能和容纳量，以确保平台的稳定运行，避免出现系统崩溃的情况；对于海量的数字资源，现在的 MOOC 平台都具备了对此部分资源进行标准化处理的功能，以此使不同种类的学习内容在平台中有效运行。②

（2）简化流程与全程记录功能。基于 MOOC 平台的高度开放性，所以能够满足学习者随时随地、自主学习的要求，简化操作流程，只需简单注册，人人都可进入学习。③ 此外，在 MOOC 平台中，能够有效记录和保留学习者的所有学习行为，根据需要，可为其建立档案袋，为其展示某个时期内的学习报告。

（3）多元交互与评价功能。进行 MOOC 学习时，学习者的大部分学习活动均是在平台中以在线的形式实现的。因此，平台需要提供多种交互模式和评价机制供学习者选择，以此满足学习者沟通、分享以及互助的需求。

（4）满足课程教学与管理需求的功能。在 MOOC 平台中，教学活动主要是以视频的形式展现出来，且部分视频还可根据使用的需求，对语速快慢、视频清晰度等进行设置。而对于教师来讲，借助于 MOOC 平台可以使教学内容相关设计、活动组织等更加便捷。④

---

① 李猜 . 高校会计学科《税法》课程的 MOOC 教学设计与实施［D］. 武汉：武汉大学，2016：30-34.

② 李猜 . 高校会计学科《税法》课程的 MOOC 教学设计与实施［D］. 武汉：武汉大学，2016：35-38.

③ 胡洁婷 . MOOC 环境下微课程设计研究［D］. 上海：上海师范大学，2013：15-16.

④ 李猜 . 高校会计学科《税法》课程的 MOOC 教学设计与实施［D］. 武汉：武汉大学，2016：56.

4.2.2　MOOC 平台的基本技术架构

根据以上论述可以发现，MOOC 课程开发平台由以下内容组成：

（1）课程设计。包括课程模板、小组管理、外观设计、教学工具等。

（2）课程发布。包括课程管理、视频上传、学生跟踪等。

（3）认证与课程管理。包括身份认证、托管功能、注册等。

（4）交流。包括学习日志、视频语言、文件发送、讨论模块等。

（5）测评与学生参与。包括在线测评、学生社区、自动分组、评价功能等。

（6）辅助工具。包括日历、每日任务、导航、闹钟提醒、书签等。

通常情况下，MOOC 平台具备五个层面：硬件基础设施层、中间件层、表现层、设备访问以及数据层。①

硬件基础设施和网络层都属于标准化产品的范畴，就现有的技术层面来看，一般使用云计算和虚拟化两项技术，对虚拟资源池进行构建，使资源配置具备动态弹性的特征，从而可使大规模学生在同时进入同一个课程时，系统能够及时做出反应，展开部署活动。

数据层的功能主要是存储各类资源（视频、文本等教学资源）和数据（用户数据、元数据等），并实现用户和数据之间的连通，因此，需要部署结构化数据库和非结构化数据库。对于 MOOC 来讲，其拥有十分庞大的用户规模，必须构建数据库，以此为数据分析和智能决策等功能提供数据支持。

中间件层拥有 Cache、负载均衡、API 接口等软件，主要对平台提供软件支撑。除此之外，还具备备份的功能，以避免数据丢失。在 Portal 中，集成了 LMS 和 CMS 两项功能，通常情况下，Portal 产品具备宣传、认证等功能。借助于 Portal，可以有效实现学习、会员登录、测评等功能。

随着手机的普及和移动终端的发展，MOOC 平台除了能够接入个人电脑以外，还应当能够支持移动端的访问，由此就需要在不同移动终端平台中开发出相应的 App，使用 HTML5 技术可有效支持移动设备。

---

① 王鑫，李磊．慕课 MOOC 在线教育平台技术架构研究［EB/OL］．（2018-10-8）．［2018-10-23］http：//www.docin.com/p-1335100379.html.

4.3 MOOC 对民办高校学分制改革的影响

2015 年 5 月 6 日，时任教育部高教司司长张大良通过教育部新闻办官微访谈时指出：所有高等学校都可借力 MOOC，借鉴国际先进经验，一些传统课堂无法实现的技能传授，可通过 MOOC 实现。他强调要结合出台的《关于加强高等学校在线开放课程建设应用与管理的意见》（下文简称《意见》），遵循教育教学规律，推动信息技术与教育教学深度融合，主动适应学习者个性化发展和多样化终身学习需求。教育部将在国内已运行平台中择优遴选几家公共服务平台，并鼓励平台之间实现课程资源和应用数据共享。

4.3.1 现实与契机

"十二五"期间，教育部建设了 1000 门国家级精品视频公开课和 5000 门国家级精品资源共享课，这还不包括大量的省级、校级精品开放课程和国外免费MOOC 课程，目前这些大量优质开放课程资源并没有对民办本科院校的教学产生实质性影响，相反却出现了大量课程闲置的现象。随着高等教育的全球化、国际化和现代化不断深化，以及社会对创新人才的培养需求和大学生个性化发展的需要，完全学分制的推行是大势所趋。由于师资和课程资源所限，以及教育管理体制机制的滞后和地域限制，目前全国大多数民办高等学校仍处于学年制向学分制的过渡时期，即实行学年学分制，实际操作过程中并不能提供足够数量的课程群,[1] 没有强大的课程群，实行学分制就会成为空话。

席卷全球的 MOOC 潮流已经在变革传统高等教育，而 MOOC 对于每个学校发展和教育信息化的影响力有多大，能在多大程度上触动高等学校教育体制和教育机制的变革，取决于各教育行政部门和学校是否认可 MOOC 教学及如何应对这些 MOOC。值得欣慰的是教育部和省级教育主管部门都十分重视 MOOC 的蝴蝶效应，《意见》特别强调推进在线开放课程学分认定和学分管理制度创新，鼓励高

---

[1] 黄德群. 地方本科院校 MOOC 学分认证模式与机制研究 [J]. 韶关学院学报，2016 (11)：118.

等学校开展在线学习、在线学习与课堂教学相结合等多种方式的学分认定、学分转换和学习过程认定。① 在这种大背景下，民办高等学校有必要重新审视自己的价值与使命，正视学分制的改革趋势，充分利用现代信息技术，塑造开放包容的大学精神与文化，创新民办高校教学管理体制和机制。

4.3.2 MOOC 促进民办高校学分制改革的几种模式

将 MOOC 学习成果与大学学分挂钩可以在一定程度上解决教学资源不足、师资缺乏的问题，大大降低高等学校的办学成本，有利于培养学生自主学习的能力，拓展学生的知识面。从目前的理论与实践情况来看，MOOC 运用于民办高校学分制改革，推动民办高校教育教学工作的发展主要有以下三种模式：

1. 自助课程+课程证书认证模式

MOOC 自助课程学习模式是一种设在开放平台上的课程学习模式，是自由度最大的一种学分认证模式，主打的是名师名校效应。目前 MOOC 课程主要来源有国外三大课程平台供应商 Coursera 、Udacity 和 edX，均由一所或几所世界顶级大学发起创建，平台与高等学校或教师合作，为营利性或非营利性组织，大多在线提供免费的公开网络课程。在国内，北京大学和清华大学率先加入了 edX，复旦大学和上海交通大学、北京大学加入了 Coursera。国内自建的比较著名的三大平台有清华大学于 2013 年推出的"学堂在线"，2014 年由网易与高等教育出版社"爱课程网"合作推出的"中国大学 MOOC"（含视频公开课、资源共享课），以及 2014 年由上海交通大学推出的"好大学在线"。② 三大平台所提供的课程对公众开放，学习全部免费。

在这种自助课程学习模式下，学生自行到各类开放的 MOOC 课程平台选课，自主参与 MOOC 平台中的学习，通过考核后，平台可以发放课程证书。这种模式下，MOOC 平台通过发放课程证书进行认证，学生所在学校不参与课程教学监管，学生是通过开放的 MOOC 课程平台自行选修及学习课程，学习考核的方式

---

① 胡洁婷．MOOC 环境下微课程设计研究［D］．上海：上海师范大学，2013：15-18.
② 李海英．地方高校如何科学推进 MOOC 建设［J］．科技风，2015（12）：214.

和考核评价标准由 MOOC 课程负责人负责，学生按课程要求学习及考核通过后方可获得课程证书。① 认证方面，国内三大 MOOC 平台均提供课程证书认证方式，但学分认证并未统一，几乎不对外承认学分。"学堂在线"仅少量课程可为清华大学学生提供学分，且需在该校选课系统中进行选课并参加线下考试；"中国大学 MOOC"则将课程分为 MOOC 课程和学校专有课程（SPOC）两类，MOOC 课程向公众开放，无学分功能，SPOC 仅供开课的高等学校学生选修；"好大学在线"所有课程均可为联盟高等学校学生提供学分，但需参加翻转课堂和线下考试且仅对联盟内高等学校学生开放。② 因此，平台上的学习者如果要获得学分认可，须有所在高等学校学分制管理的配套制度，由高等学校出台政策，认可相关 MOOC 平台的课程证书，才能使学习者在平台上修习的课程能够转换为学校课程的学分。

以"学堂在线"为例，作为最大的中文 MOOC 平台，该平台面向全球提供在线课程，旨在汇聚并共享全球优质教育资源，引领教育教学模式创新，提升教学质量，促进教育公平。所有人均可注册学习，全程学习均免费。在 2016 年发布的"全球 MOOC 排行"中，"学堂在线"被评为"拥有最多精品好课"的三甲平台之一。

课程学习方面，"学堂在线"同时支持面向学生的学习系统和面向老师的课程管理系统。学生在注册、登录平台后形成个人账户，学生完成线上自主学习，通过考试后，即可取得免费的电子版课程结业证书。在未来，清华也表示将积极推动基于"学堂在线"的课程学分互认，推动校间课程协作、先修课程等工作，促进高等教育大众化进程以及高等教育均衡协调发展。

2. 第三方课程平台选课+学校学分认证模式

第三方课程平台选课+学校学分认证模式，即由第三方（在线教育公司）运营课程平台，学生在平台上进行选课学习，合作高等学校认可平台上的课程学

---

① 黄德群. 地方本科院校 MOOC 学分认证模式与机制研究 [J]. 韶关学院学报，2016（11）：119-120.

② 吴锦辉. 我国主要慕课（MOOC）平台对比分析 [J]. 高校图书馆工作，2015（1）：11-12.

分。为高等学校提供在线课程的合作方一般为商业 MOOC 平台，旨在解决部分学校师资和课程开设不足，通识教育经验欠缺和资源积累不够的问题。目前这种学分认证方式使用面主要集中在学校的通识教育课程或受益面广的公共平台课程。① 学校在与提供方签订合作协议后，学校直接认可学生在平台上的课程学分。平台交由第三方运营机构组织搭建，为学校提供"平台·内容·服务"三位一体的服务。在我国比较知名的有超星公司推出的尔雅通识课、卓越公司的智慧树、毕博公司推出的 MOOC 平台、金智公司推出的知途在线等。比如有些高等学校购买的超星尔雅通识教育课程平台，以每年 30 万元的价格为高等学校供课 300 余门通识教育课程供学生选修。又如武汉东湖学院购买的智慧树，学生在 2017 年春夏课程中就实现了选课 100 门。

学校通过与各第三方网络课程平台合作，合作方为合作的高等学校提供一定数量的在线课程，高等学校对 MOOC 课程进行内容许可认证，购买课程，取得使用权，并把这些课程纳入本校培养方案课程体系，明确课程学分，经由学生自由选择学习，通过考核，即可获得对应课程的学分。具体学分数量和认定要求由学校制定。

以超星集团尔雅通识课为例，作为中国最大的数字图书馆服务提供商，超星集团于 2011 年推出超星尔雅通识课产品，现为国内最大的通识课学习平台。自 2011 年上线至 2017 年春季学期，全国共有 1620 所高等学校、累计超过 3275 万人次使用过尔雅通识课。2017 年秋季学期，超星尔雅网络通识课程共计五个大类 300 余门课程（主要包括五类课程：综合素养课、通用能力课、创新创业课、成长基础课、公共必修课），其中综合素养课程包括大类文明起源与历史演变、人类思想与自我认知、文学修养与艺术鉴赏、科学发现与技术革新、经济活动与社会管理、国学经典与文化传承六大模块共计 265 门课程。② 90% 的课程来自 985/211 高等学校、中国科学院、中国社会科学院等国内外知名科研机构。所有课程均自有版权。

---

① 黄德群 . 地方本科院校 MOOC 学分认证模式与机制研究［J］. 韶关学院学报，2016（11）：120.

② 超星尔雅网络通识课一体化建设方案［Z］. 北京：超星尔雅教育科技有限公司，2017（8）：2.

3. 联盟高等学校课程平台选课+高等学校间学分互认模式

联盟是由不同院校、不同地域的教师个人或教师团体组成的接受一定条款约束的组织机构。所涉及的区域性主要是地域上相连、经济上相融、文化上相近的跨行政区划的、便于统一组织、协调和管理的空间范围。高等学校课程联盟的核心是课程资源的共享。各联盟高等学校组建课程联盟的目的就是优势互补、以强带弱、共同发展，从而更好地提高教学质量、更大程度地实现教育公平、更多地培养优秀人才。联盟既有名校联盟也有地方院校联盟，这里主要指后者。

名校联盟比如 2009 年北大、清华等 9 所国内名校组成的 C9 联盟，2010 年同济大学牵头的"卓越联盟 E9"，2013 年成立的两岸交通大学联盟"ewant 育网开放教育平台"，2013 年重庆大学发起成立的东西部高等学校课程共享联盟（其联盟成员包括中国人民大学、北京航空航天大学、北京理工大学等在内的首批 29 所高等学校联盟）。地方高等学校联盟有 2012 年由上海市教委发起、上海三十多所高等学校加盟，服务上海联盟高等学校在校大学生的"上海高等学校课程共享中心"，以及 2013 年深圳大学牵头创立的 UOOC（优课联盟）。目前，越来越多的地方院校共享课程联盟纷纷涌现，如山东省高等学校优质课程共享联盟、苏州国际教育园课程联盟、江西联盟、吉林高等学校联盟、海南联盟、福建省高等学校在线教育联盟，等等。

联盟高等学校之间通过共用课程平台和协作框架协议共享课程资源，学分互认。学校间共享每个学校的优质 MOOC 课程，供所有联盟高等学校或共同体高等学校的学生选修。不同的大学不仅互认学分，而且也可以互认前序新型学历。授课内容上，涵盖了线上线下、多种媒体形式、多种互动方式等；学分互认还促使了学历的"混合"，通俗的解释，就是进行某个高等学校的网络课程学习，获得的文凭可作为下一阶段进修的前序学历，如此一来比正常的本科或硕士学习时间要节省很多。通过跨校选课、学分互认的方式，促进学生间的校际交流，拓宽学生的知识面和学术视野。

以地方院校联盟典型代表——深圳大学创建的 UOOC（优课联盟）为例，其依托地方财政优势，以共创、共担、共享为联盟核心价值，通过联盟机制、汇集成员优势，遴选优秀教师，建设大规模网络开放在线课程，以免付加盟，免费对盟友教师进行课前培训、免课程制作费用等吸引了众多高等学校的加盟，目前联盟成员高等学校有百余所，遍布全国大部分省份，覆盖师生 200 多万，课程数量近百门，产生了较大的社会影响。

优课联盟为联盟成员所在的高等学校开放注册和选课资格，为学生提供混合学习模式，学生登录门户首页后，可以看到联盟学校与讲授课程的教师信息、课程名称、开课对象、开课时间、学习周期及学习者注册该课程的人数。可以采用完全的线上学习方式，学生完成注册（使用真实信息注册，如学校名称、真实名与学号、邮箱号与手机号）和选课后，通过教学视频、在线讨论、随堂测试、课后作业等形式完成学习。另外加盟高等学校还可根据学生学习的情况，自行设计线下的教学组织，采取混合式教学或翻转课堂，进行线上、线下的结合。而课程考试，可采用线上考试、线下考试，或线上线下混合考试的方式完成，通过考试者，由联盟颁发课程证书，证书上有主讲老师的签名和联盟印章。学生选修的课程，由所在学校给予相应的学分，由此实现了"跨校选课、学分互认"。

4.3.3 MOOC 对民办高校学分制改革的积极作用

民办高等学校相对公办高等学校，因其体制机制不同，学分制改革力度更大也更便捷。从前文所述的实现学分制的四个条件来看，MOOC 大规模的特性解决了课程数量质量不足、师资数量水平不足的问题。开放性的特点助力实现了教育公平，给了学生选择学习方式的自由。其个性化的特点则解决了学生自主选择的问题。MOOC 科学、合理、有效的运用对于民办高等学校的学分制改革有着重要作用。

1. MOOC 提供了更多优质课程资源，促进了民办高等学校精品课程建设，推动了学分制改革

MOOC 解决了民办高等学校实行学分制选修课程数量质量不足的问题。其一，较之公办高等学校，民办高等学校的学生人数相对较多，实行学分制则需要更多的课程供学生选择，而民办高等学校没有为学分制准备充足的课程。由上文中民办高等学校的现状调查和分析我们知道，民办高等学校由于优秀教师资源不足，开设的课程数量不多，无法开出众多满足学生兴趣的课程。因此，要通过学分互认机制，充分利用名校的 MOOC 课程资源进行学习。MOOC 具有大规模的特征，课程学习不受学生人数的限制，因而 MOOC 解决了民办高等学校实行学分制改革课程数量的问题。其二，MOOC 具有开放性的特征，上线的课程都是经过认真遴选的、优质的课程，民办高等学校的学生能够和公办高等学校的学生一样平等地享受这些优质的教学资源，因而 MOOC 解决了民办高等学校实行学分制改革课程质量的问题。随着 MOOC 课程建设日益受到民办高等学校的重视，越来越多的高等学校希望享用更多的精品课程，也努力为其他高等学校或 MOOC 联盟提供更多的精品 MOOC 课程，这就带动了民办高等学校的精品课程建设，迫使学校投入财力物力人力支持，建设在线精品课程，从而促进了包括民办高等学校在内的高等学校精品课程建设。

2. MOOC 解决了优秀教师资源不足问题，为民办高校学分制改革扫除了障碍

优秀教师资源不足是民办高等学校普遍存在的问题，通过 MOOC 批量引进优质在线课程，可以部分减轻教师的工作量，缓解民办高等学校师资不足问题。传统的授课方式中，教师在课堂上面对的学生通常是几十人，少数课程超过百人，但是 MOOC 课程可以面对几百人甚至上千人，这就为民办高等学校实行学分制改革解决了师资力量不足的问题。另外，MOOC 的到来，也对教师的业务素质提出了更高的要求。无论是作为 MOOC 课程线下的指导还是混合教学中翻转课堂上的答疑解惑，MOOC 对教师的综合素质和职业素养都提出了更高的要求。在线开放课程的教师团队建设非常重要，课程团队应包括课程主持人、主讲教师、教育技术人员和助教。课程团队需在开课后开展日常教学活动安排、互动和答疑、批改作业和审核、组织考试等工作。MOOC 的到来为课程组的建设推波助澜，这对推动民办高等学校教师的教学改革，提高民办高等教育的教学质量有一定的积极作用。

3. 帮助学生提高学习积极性和自主性，从而有利于民办高校学分制推行

实行学分制要求学生在选课、学习方面有较强的自主性。民办高等学校的学生普遍学习自主性较差，学习积极性不足。MOOC 以学生为中心，充分发挥互动性，增加学生讨论、学生互评以及学生自评环节，充分体现了学生的自主性，这种教学模式有利于培养学生自主学习的习惯，提高其自律性和自学能力。

网络在线学习环境下，能更方便地追踪学生的学习进度，重视教学过程反馈，在学生学习过程中，会提供一个供学生参考的进度表，设定一个提醒的阀值，如果学生完成进度情况落后，系统将自动提醒学生加快学习进程，同时进行线下教师干预，以便督促其完成学习任务。与此同时，各大 MOOC 平台也在研究网络学习者的学习过程数据，探讨最适合他们的学习规律、学习方式，这些都有利于促进学生学习的主动性，提升学生学习的效果。学生学习自主性的提高有利于民办高等学校基于 MOOC 学分制方案的推行。

4.3.4　民办高校利用 MOOC 进行学分制改革的有利条件

为适应我国高等教育的改革及加快高等院校的发展，各省教育主管部门专门印发文件，出台有关政策，鼓励有条件的高等院校实行学分制改革。允许学生跨专业、跨学校进行选课、互认学分，并在学生提前考研、证书办理、学生就业等方面予以政策支持，鼓励学有余力的学生加大选课学习任务，缩短修业年限，辅修第二专业和第二学位，促进优秀学生脱颖而出。同时，也支持贫困学生一边学习，一边勤工助学，培养其自食其力，独立完成学业，延长毕业年限，达到培养目标的要求。

由于师资和课程资源所限，以及教育管理体制机制的滞后和地域限制，目前全国大多数普通高校仍处于学年制向学分制的过渡时期，即实行学年学分制，实际操作过程中并不能提供足够数量的课程群，在绝大部分课程上不能实现学生自主选课和自定学习进度，使学生的自主性、创造性学习和个性化发展受到遏制。没有庞大的优质课程群和数量众多、学识渊博的教师队伍，完全学分制的实施就会落空。MOOC 的出现，为高校完全学分制的推行提供了契机，① 而民办高校利用 MOOC 促进学分制改革具有更为有利的条件。

---

① 国家中长期教育改革和发展规划纲要：2010—2020 年［EB/OL］.（2010-3-1）［2016-5-12］. http：//www. china. com. cn/policy/txt/2010-03/01/content_ 19492625_3. htm.

体制机制的灵活性是民办高校实行基于 MOOC 的学分制改革的明显优势。民办高校起步较晚，推行学分制也相对较晚，但民办高等学校是在计划经济向市场经济转轨过程中应运而生的，民办高校的办学主体是独立于政府机构之外的社会组织与个人，它们有权根据需要来自主安排日常的教育活动，包括自我筹措经费、自主安排经费的使用和经费的管理、自主决定人员选聘等。民办高校的市场化具有面向市场人才培养；充分利用市场运行机制以及内部管理灵活弹性的特点，办学机制灵活，自主招生；专业和课程建设面向市场、适应市场，毕业生自主择业和学制的灵活性等特征，这些与 MOOC 的本质和学分制的基本特征具有高度的一致性，因此，民办高等学校运用 MOOC 进行学分制改革有着自身的体制和机制优势。

5 基于 MOOC 的民办高校学分制方案设计

——以 D 校为例

依据多元智能理论，作为个体，每个人都同时拥有多种智能，每一种智能又都有多种表现方式，因此，每个学生的智能特点、智能表现形式、学习类型、学习方法和发展方向是各不相同的，教育就是要发挥每个人的多方面能力，要根据学生的智能差异特点，为学生提供针对性的教育，使学生的各种智能得到提升，开发和培育学生的智力潜能，从而全面提高人的素质。

学年制教学模式对所有的学生采用同一套培养方案进行培养，这种教学模式抹杀了学生的个体差异。学分制作为一种较为先进的教学管理制度，具有促进学生个性发展，发挥学生学习主动性和积极性等显著特点，充分体现了"以学生为主体"的现代教育理念。这就要求民办高等学校教育工作者必须摒弃传统的单一、固定的学年制教学模式，积极推行符合现代教育理念的学分制教学模式。

MOOC 的开放性和学分制的自由选课制使学生可以根据自身的特点、兴趣、爱好、发展方向和市场需求等因素进行自主选择，最大限度地促进所有学生个性化的发展。

民办高等学校从学年制向学分制转变是民办高等学校主动满足受教育者享有较高教育需求的需要。为了有效提高民办高等学校教育质量，借助 MOOC 等现代化教学技术，推进民办高等学校学分制改革成为必然趋势。但是民办高等学校因其各自的特殊情况，学分制改革模式不必千校一面，各高等学校要根据自身的实际情况，建设符合本校需求的基于 MOOC 的学分制改革运行机制和教学模式。

5.1　D 校的基本情况

D 校是位于武汉地区的一所经教育部批准成立的多学科、综合性民办普通本科高等学校。近年来，学校积极探索学分制改革，学校的办学水平逐年提高，在全国民办高等学校中具有一定的影响。该校希望通过引进部分 MOOC 课程为学校的学分制建设提供改革基础。

5.1.1　学校概况

D 校目前拥有在校师生总人数 13842 人，其中，教师 551 人，学生 13291 人。经过十余年的发展，学校形成了培养硕士生、本科生、专科生，以及举办专升本教育、职业教育、国际合作交流等完备的高等教育体系，同时招生率、就业率、国际化程度在同类高校中处于领先位置。该校现有学科门类 7 个，现有专业 28 个。

1. 师资队伍情况

D 校现有教师 551 人，其中专职师资 370 人，外聘兼职师资 181 人。

按照学校规定，教师现有的工作量情况是：专职教师每周至少要上 10 节课，一学期是要上 3 门课；外聘兼职教师每周不超过 8 节课，一学期要上 2 门课。根据该校 2015—2016 学年各院开课情况统计，370 人开设了 2799 门次课程，平均每个人每年开设 7.6 门次，每学期开设 3—4 门次课程。事实上兼职老师多数每学期只开设 1—2 门次课程，因此，实际上专职老师平均每学期开设了 4 门以上课程。以现有的师资情况，不可能增设太多选修课程。因此，要实行学分制，一方面，需要大量引进教师，增开选修课程（而从目前民办高等学校师资队伍建设现状来看，优秀教师的引进非常困难，且不易留住）；另一方面，在现有教师人数不做大的变动的情况下，除了保有本校现有的少量通识教育选修课程外，需要借助外面的力量新增选修课程，如适应信息化的趋势，借助 MOOC 课程推动学分制改革。

2. 教学基本条件

D 校现有教室 97 间，包括教师休息室、学生活动教室、学生自习用教室在内。其中有部分教室是无多媒体设备教室，且桌椅损坏严重，基本为不可用教室。访谈者普遍反映说该校教室比较紧张，目前正在筹建第二批教学楼。

该校信息化建设比较落后，目前没有校园局域网，学生通常自己付费联系运营商提供网络服务。

学校没有信息化的网上选课系统，目前还是采纳传统的手动排课和选课方法。

5.1.2　D 校现有的人才培养方案及课程体系

1. 人才培养方案

（1）学制。各本科专业学制为 4 年。

（2）教育周数与学分分配。学生在校总周数约为 198 周，教育周数与学分分配大体如表 5-1 所示。

表 5-1　　　　　　　　教育周数与学分分配一览表

项 目（非课程活动）	周数	各学期分配周数								学分	备　注
		一	二	三	四	五	六	七	八		
入学教育（职业生涯规划）	1	1								1	依出勤表现记学分
军事训练（军事理论）	2	2								2	依态度表现记学分
生产劳动	3			1		1		1		1	据劳动记载记学分
复习考试	16	2	2	2	2	2	2	2	2	0	第 8 学期毕业补考
学年总结	2		0.5		0.5		0.5		0.5	1	依态度表现记学分
专业（教育）实习	7								7	6	准备、总结 1 周
毕业论文（设计）	7								7	6	准备、答辩 1 周
毕业教育	1								1	1	依态度表现记学分
创业教育	2		0.5		0.5		0.5		0.5	2	

续表

项目（非课程活动）	周数	各学期分配周数								学分	备　　注
		一	二	三	四	五	六	七	八		
机动	7	1	1	1	1	1	1	1	0	0	
小　计	48	6	4	4	4	4	4	4	18	20	
课程教学	110	14	16	16	16	16	16	16	0	130	
课外创新论文（设计）		1	1	2	2	2	2			10	利用课余时间
寒（暑）假	40	4	8	4	8	4	8	4	0	0	安排社会实践活动
合　计	198	24	28	24	28	24	28	24	18	160	

注：该信息来源于该校人才培养计划。

（3）学分标准。各本科专业的学制均为 4 年，总学分控制在 160 学分以内，其中非课程教学活动的学分为 20 学分，课程教学（含课堂教学、课程作业、课程论文或课程设计）学分控制在 130 学分以内，通过课外论文（设计）或作品或表演等方式获得课外创新学分 10 学分（见表 5-2）。

表 5-2　　　　　　　　可供学生参考选择的课程学分组合

总学分 160（100%）	非课程活动学分 20（13%）	详见表 5-1		
	课程教学学分 130（81%）	79（49%）	通识教育公共必修课程	39（24%）
			学科基础课程	40（25%）
		51（32%）	专业特色课程	45（28%）
			跨专业通选课程	6（4%）
	课外创新学分 10（5%）	课外论文（设计）		10（6%）

注：该表信息来源于该校人才培养方案。

课程教学的学分以一学期（16 周）每周上课 1 学时为 1 学分；实验课、体育课和课外课程等每周上课 2 学时为 1 学分；实践环节教学一周为 1 学分。

每学期开设专业选修课的总学分应是学生必须选修专业课学分的 2 倍或以上。

文科专业学生须选 4 学分的理、工科课程，理、工科专业学生须选 4 学分的文科课程，且均须选 2 学分的艺术或体育类课程。

实践教学的学分是：

入学教育（职业生涯规划）1 学分；军事训练（军事理论）2 学分；专业实习（教育实习）6 学分；毕业论文（设计）6 学分；生产劳动 1 学分；寒、暑假由学工部门安排学生社会实践活动（不计学分）；学年总结 1 学分；创业教育 2 学分；毕业教育 1 学分。

2. 课程体系

课程体系设计为 4 个课程群，即通识教育公共必修课程、学科基础课程、专业特色课程、跨专业通选课程。各课程群由若干课程组成。

（1）通识教育公共必修课程（39 学分）。本课程群由思想政治理论、外语基础、信息技术基础、体育健康、心理健康和创业教育等模块组成，为全校各本科专业学生的公共必修课程，其比例约占总学分的 24%（见表 5-3）。

表 5-3　　　　　　　　通识教育公共必修课程

课程 类别	课程名称	课程 编号	课程 性质	开课 学期	学分	总学 时	学时分配表				周学 时	考试 形式
							授课	习题	实验	课外		
思想 政治 理论 16	思想道德修养与法律基础	80100010	必	1	3	54	42			24	3	闭
	中国近现代史纲要	80100020	必	2	2	36	32			8	2	闭
	马克思主义基本原理概论	80100030	必	3	3	54	48			12	3	闭
	毛泽东思想和中国特色社会主义理论体系概论	80100040	必	4	6	108	64			88	4	闭
	形势与政策	80100050	必	4	2	36	16			40	2	闭

课程类别	课程名称	课程编号	课程性质	开课学期	学分	总学时	学时分配表				周学时	考试形式
							授课	习题	实验	课外		
外语基础 12	大学英语 1	80200010	必	1	3	42	28		28		3	闭
	大学英语 2	80200020	必	2	3	48	32		32		3	闭
	大学英语 3	80200030	必	3	3	48	32		32		3	闭
	大学英语 4	80200040	必	4	3	48	32		32		3	闭
信息技术 3	计算机基础	80300010	必	1	3	42	28		28		3	闭
体育健康 4	大学体育 1	80500010	必	1	1	32	28			8	2	开
	大学体育 2	80500020	必	2	1	32	32				2	开
	大学体育 3	80500030	必	3	1	32	32				2	开
	大学体育 4	80500040	必	4	1	32	32				2	开
心理健康 3	心理学与幸福人生	80700010	必	1	2	32	28			8	2	开
	和谐班级团体辅导	80700020	必	2	1	16	16				1	开
创业教育 1	创业就业指导	80800010	必	7	1	16	16				1	开

注：该表信息来源于该校人才培养方案。

（2）学科基础课程（40 学分）。各个专业根据各自的情况指定 40 学分的课程为学科基础课程，其比例约占总学分的 25%。

（3）专业特色课程（45 学分）。各学院可按照不同层次和类型人才培养目标的要求，设计自成体系的专业方向课程模块。其中，专业必修课程 20 学分和专业选修课程 25 学分，其比例分别占总学分的 12% 和 16%。

（4）跨专业通选课程（6 学分）。此类课程是针对全校所有专业开设的选修课，是由各专业从其学科基础课程或专业特色课程中拿出部分课程对学校全体学生开设的，目的上是拓宽学生的知识面，其比例约占总学分的 4%。虽然该校教学计划中所列的跨专业通选课程有 80 门（见表 5-4），但实际开设出来的课程远远低于这个数字。如该校 2016—2017 学年第一学期跨专业通选课程只有 11 门

（见表 5-5），而且专业性太强。

表 5-4　　　　　　　　　　　跨专业通选课程（80 门）

序号	专　业	课　程　名　称
1	经济与金融	证券投资
2	经济与金融	公司理财
3	经济与金融	投资银行学
4	国际经济与贸易	证券投资
5	国际经济与贸易	公司理财
6	国际经济与贸易	投资银行学
7	法学	合同法律与实务
8	法学	企业法律与实务
9	法学	劳动法律与实务
10	汉语言文学	中外文学经典赏析
11	汉语言文学	当代经典作家的文学人生
12	汉语言文学	文学创作
13	英语 S	实用英语口语
14	英语 S	英汉翻译技巧
15	英语 S	英文写作
16	英语 S	英语旅游文化
17	英语 S	三级培训
18	英语 S	四级培训
19	网络与新媒体	书法基础
20	网络与新媒体	中国美术作品欣赏
21	网络与新媒体	外国美术作品欣赏
22	机械电子工程	计算机绘图与 Auto CAD
23	机械电子工程	科技论文写作

续表

序号	专 业	课 程 名 称
24	机械电子工程	机械制造技术基础
25	工业设计	书法基础
26	工业设计	民间剪纸艺术
27	工业设计	国画基础
28	电气工程及其自动化	电子线路 CAD
29	电气工程及其自动化	传感器技术
30	电气工程及其自动化	过程控制工程
31	电子信息工程	Matlab 应用
32	电子信息工程	嵌入式系统设计及开发
33	电子信息工程	光电子技术基础
34	通信工程	Matlab 应用
35	通信工程	嵌入式系统设计及开发
36	通信工程	光电子技术基础
37	光电信息科学与工程	应用光学
38	光电信息科学与工程	物理光学
39	光电信息科学与工程	光纤光学
40	计算机科学与技术	软件设计
41	计算机科学与技术	办公网络原理与实践
42	计算机科学与技术	无线局域网技术
43	计算机科学与技术	Linux 操作系统
44	计算机科学与技术	网络安全
45	工商管理	市场营销学
46	工商管理	供应链与物流管理
47	人力资源管理	管理学
48	人力资源管理	人力资源管理

续表

序号	专 业	课 程 名 称
49	人力资源管理	员工招聘
50	财务会计教育 S	会计学原理
51	财务会计教育 S	Excel 在会计应用
52	财务会计教育 S	中国会计师职业道德与法律责任
53	电子商务	电子商务网站建设
54	电子商务	网络营销基础与实践
55	电子商务	信息检索
56	旅游管理	导游基础知识
57	旅游管理	客源国概况
58	旅游管理	旅游景观鉴赏
59	音乐学 S	形体训练
60	音乐学 S	中外经典声乐作品赏析
61	音乐学 S	合唱与指挥
62	音乐学 S	中外钢琴名曲赏析
63	广播电视编导	广播电视概论
64	广播电视编导	专题纪录片精读
65	广播电视编导	电视晚会精读
66	播音与主持艺术	新闻学概论
67	播音与主持艺术	影视作品赏析
68	播音与主持艺术	公关礼仪实务
69	视觉传达设计	书法基础
70	视觉传达设计	民间剪纸艺术
71	视觉传达设计	国画基础
72	环境设计	书法基础
73	环境设计	民间剪纸艺术

续表

序号	专 业	课 程 名 称
74	环境设计	国画基础
75	产品设计	书法基础
76	产品设计	民间剪纸艺术
77	产品设计	国画基础
78	工艺美术 S	书法基础
79	工艺美术 S	民间剪纸艺术
80	工艺美术 S	国画基础

注：该表信息来源于该校人才培养方案。

表 5-5　　　　　**2016—2017 学年第一学期跨专业通选课程**

序号	开课学院	课程名称	选课人数
1	外国语学院	英汉翻译技巧	197
2	管理学院	管理学	200
3	管理学院	导游基础知识	200
4	艺术设计学院	美术鉴赏	245
5	文法学院	毛泽东诗词赏析	198
6	经济学院	管理学	199
7	音乐学院	中外经典声乐作品赏析	200
8	音乐学院	中外经典声乐作品赏析	196
9	音乐学院	中外钢琴名曲赏析	200
10	音乐学院	公关礼仪与实务	199
11	计算机科学与技术学院	现代教学方法讲座	66

注：表内信息来源于该校人才培养方案。

表 5-6、表 5-7、表 5-8 分别是文学专业、计算机专业、教育学专业面向全校学生开设的选修课。这些课程数目较少，而且部分课程专业性较强。

表 5-6　　　　　　　　　　　　　　　　**语文写作自选课程**

课程类别	课程名称	课程编号	课程性质	开课学期	学分	总学时	学时分配表				周学时	考试形式
							授课	习题	实验	课外		
语文写作	大学语文	90500010	选	1	2	32	28			8	2	闭
	公文写作	90500030	选	2	1	16	16				1	闭

注：该表信息来源于该校人才培养方案。

表 5-7　　　　　　　　　　　　　　　　**信息技术自选课程**

课程类别	课程名称	课程编号	课程性质	开课学期	学分	总学时	学时分配表				周学时	考试形式
							授课	习题	实验	课外		
信息技术	多媒体应用技术	80300020	选	2	3	48	32		32		3	闭
	高级语言程序设计	80300030	选	2	3	48	32		32		3	闭
	数据库技术应用	80300040	选	2	3	48	32		32		3	闭

注：该表信息来源于该校人才培养方案。

表 5-8　　　　　　　　　　　　　　　　**教师教育自选课程**

课程类别	课程名称	课程编号	课程性质	开课学期	学分	总学时	学时分配表				周学时	考试形式
							授课	习题	实验	课外		
教师教育	教育学	80600013	选	4	2	32	32				2	闭
	心理学	80600023	选	5	2	32	32				2	闭
	学科教学论	80600033	选	6	2	32	32				2	闭
	教育技术学	80600043	选	6	2	32	24		16		2	开
	教学技能训练	80600053	选	7	2	32	8			48	2	开

注：该表信息来源于该校人才培养方案。

由上面 D 校的人才培养计划和课程体系可以看出，该校公共必修课程即通识教育必修课占比过大，占总学分的 24%，学生能跨专业选修的课程太少，占总学分的 4%。而且供全校学生选修的许多跨专业通选课程专业性偏强，不符合通识教育的特点。

总的来说，该校培养计划安排设计尚需改进，课程设置不尽合理，课程资源贫乏，通识教育课程以公共必修课为主，专业通选课开课数量少且没有形成一定的体系。多元智能理论认为，学生各种智能的发展包括优势智能领域的充分发展有赖于环境和教育的影响，因此，要提供丰富的教育资源以及多元课程组合，为促进学生的多元智能而教，使学生有机会更好地发展和运用自己的多种智能。为此，民办高等学校要改变传统的课程和教学管理模式，提供丰富多样的课程组合，以促进学生个性的全面发展。

由以上分析可以看出，目前 D 校通识选修课程数目较少，特别是优质通识课程资源不足，课程内容不够丰富，学生选修课程的范围受限。由于教师资源短缺，优秀教师不足，因而很难增设较多的优质通识课程。即使能够增设部分通识课程，但是由于教室严重短缺，必定加大了教务管理和排课的难度。因此，从长远出发，顺应时代要求，借助现代化信息手段和技术，推进基于 MOOC 的学分制改革是必然的选择。

5.2 D 校基于 MOOC 的学分制方案设计

基于多元智能理论和民办高等学校在实施学分制过程中面临的诸多困境，我们认为应该充分发挥 MOOC 的特点和优势，合理设计民办高等学校的学分制方案，提高民办高等学校的本科人才培养质量。现以 D 校为例，设计基于 MOOC 的学分制方案。

5.2.1 指导思想

基于 MOOC 的民办高等学校学分制方案设计的指导思想是：认真贯彻落实党的教育方针，坚持教育为社会主义现代化建设服务、为人民服务，把立德、树人作为教育的根本任务，全面实施素质教育，培养德智体美全面发展的社会主义建设者和接班人。充分利用现代信息技术，不断丰富课程内容，满足学生多样化需求和个性发展的需要，尊重学生的"学习自由"权，提高学生学业选择的能力。

具体说来，民办高等学校在学分制方案的设计和实施过程中，应该把立德、树人放在首位，全面实施素质教育，提高民办高等学校的办学质量。要以 MOOC 为推手，积极推动信息技术与教育融合创新发展，创新教学管理模式和人才培养模式，优化教学资源配置，促进学生个性化发展和创新创造能力的培养，引导学生自主构建知识体系，优化学生知识、能力和品格结构，提高人才培养质量。

5.2.2　设计原则

作为一所民办高等学校，在学校办学资源有限的情况下，充分利用 MOOC 资源无疑是一项明智之举。基于这样的思路在学分制人才培养方案的设计过程中，应该根据学校的办学实际情况，坚持下列基本原则：

1. 立德树人原则

立德树人是党的教育方针对各级各类学校人才培养的统一要求，是中国特色高等教育的重要内容。立德树人的本质就是要对大学生加强思想政治和道德品质的教育，我党历来十分重视这项工作，民办高等学校对此也是责无旁贷。有鉴于此，我们在设计基于 MOOC 的学分制方案的时候，务必充分保证"立德树人"类的课程类型、数量、教学时间和教学环节等都要落实到位，达到国家相关规定的要求。例如，除了开设国家规定的思想政治类课程之外，我们还需要开设一定数量的通识教育类课程，以培养学生成人成才。

与此同时，在引进或购买 MOOC 课程时，我们特别需要采取审慎的态度，精挑细选，严把 MOOC 课程的政治观、质量观，使学生能够享受到高质量的课程，这是我们在设计基于 MOOC 的学分制方案时必须坚持的基本原则。

2. 以生为本原则

以生为本是指学校的一切工作都要以学生发展为中心，要围绕学生来制定培养目标和开展教育活动，使学生成为主体性的人。学生是大学存在的根本，也是大学教育的对象和大学发展的中心。没有学生就没有大学；没有学生的发展就没有大学的发展。大学应该以促进学生本性的、本能的发展为目的，并以学生为中心来制定教育目标和开展教育活动，使学生成为有主体价值、主体人格、主体精神、主体地位和主体意识的人，这是以生为本的质的规定性。①

无论是公办高等学校还是民办高等学校，在实际办学过程中都必须坚持以学生发展为中心，为学生提供最优质的课程资源，全力提高人才培养质量，不能因为自身办学条件薄弱而降低人才培养质量，这是对学生发展不负责任的表现。坚持以生为本原则落实在民办高等学校基于 MOOC 的学分制方案设计过程中，就要注意在课程设置、学分规定、收费制度等方面，充分考虑学生的需要和实际情况。在课程设置方面，要充分利用各种资源，尽可能多地给学生提供高质量的课程，从而满足不同学生的需要，比如，除了充分挖掘本校已有的课程资源以外，还可以通过校校合作引进其他高水平学校的课程，也可以通过利用与第三方 MOOC 平台合作获取优质课程资源。在学分规定方面，要根据学生的身心发展规律，科学设置学分要求，学分设置不能过低，过低会影响到人才培养的质量，但是也不能过高，学分要求过高会加重学生的课业负担，影响学生的身心健康，学分设置要合理、适度，以较好地促进学生发展为前提。在学费收取方面，民办高等学校由于很多是属于盈利性高等学校，希望学费收取越高越好。因此，要合理控制学费标准，学费价格不能过高，学费过高会给家庭困难的学生带来巨大压力，不利于这些学生顺利完成学业。

3. 自主性原则

自主性原则是指民办高等学校要根据自身的实际情况，独立自主地设计基于 MOOC 的学分制方案。自主性原则体系在两个方面，一方面，民办高等学校在设计基于 MOOC 的学分制方案时，要有自己的独立设计方案的权力，不能过多地受外界的干扰。要根据自己的实际情况，设计具有自身特色的学分制方案，而不是人云亦云，盲目照搬别的学校的做法。另一方面，在借助 MOOC 实施学分制方案的同时，要注意有所选择。虽然从理论上来说，随着信息技术的不断完善，MOOC 课程资源会越来越多甚至是取之不尽用之不竭，学校只要有一定的财力（随着 MOOC 平台的多样化和数量的不断增加，市场规律决定着 MOOC 课程的数

---

① 刘博菱、张继平. 以生为本原则的五个要点 [J]. 现代教育科学，2015（7）：1.

量也会不断增加而成本会逐渐下降，单位数量的 MOOC 课程的价格也会呈下降的趋势。相对而言，学校为此的投入也会呈下降的趋势）都可以从 MOOC 平台上购买各类课程。但是，这并不意味着民办高等学校不加强自己的课程建设，也不意味着学校放弃自己的课程结构的设计而完全受制于平台的商业需求。相反，民办高等学校在使用 MOOC 课程的同时必须建设自己的课程，特别是建设自己的特色课程，而对产品公司提供的 MOOC 课程要根据自己的需求有所取舍。

因此，民办高等学校在设计基于 MOOC 的学分制方案时，一定要坚持"以我为主、为我所用""取长补短"，即根据各自学校的办学需要设置合理的培养方案，根据培养方案的需要购买学生必须学习而学校一时难以开设的优质课程，而不是平台上有什么优质课程，学校就设计什么课程。也就是说，民办高等学校在设计学分制方案时，不能被 MOOC 平台的商业运作所牵制和"绑架"，而是根据学校人才培养的实际需求有选择地引进自身缺乏的优质 MOOC 课程，以弥补本校的资源不足。

4. 整体性原则

整体性原则是指在设计民办高等学校基于 MOOC 的学分制方案时，要将学分制方案看作一个影响着学生发展的整体，将方案中的各种教育活动、教育方式与方法、手段有机结合形成整体对学生进行影响。同时，还应将方案设计看作一个完整的系统，不同内容之间、各种要素之间都具有密切的联系，不可分割。比如，在设计学分时，要注意既要有课程学分，也要有实践和活动学分等，要科学分配它们的比例；在课程结构构建上，既要有专业课程，又要有公共必修课程，还要有综合素养通识教育选修课程，它们共同作用，促进学生的全面发展，缺少任何一部分，都会造成课程体系的不完整，从而不利于培养高质量的、完整的人。再如，在教学方式方法上，既要重视传统的线下教学，又要重视新型的线上教学方法，将二者有机结合起来，有效地提高教学质量。

5. 科学性原则

科学性原则是指决策活动必须在决策科学理论的指导下，遵循科学决策的程序，运用科学思维方法来进行决策的行为准则。科学决策的特点是准确、严细、客观、可靠，适用于解决多变量、大系统的各种新问题。现代社会发展规模越来越大，变化越来越快，影响越来越广，以前没有遇到过的新情况、新问题层出不穷，经济、科技发展的一体化，要求决策过程中必须遵循科学性原则。科学决策是相对于经验决策而言的，它的主要标志是：①信息全面、迅速、准确。②预测科学、及时、正确。③方向对头、目标明确。④方案齐全，相互独立。⑤论证充分，分析恰当。⑥实施步骤清晰、有度。⑦责任明确，要求具体。⑧调控得当，反馈及时。[①]

民办高等学校在运用 MOOC 进行学分制方案设计时，也要充分体现科学性原则。首先要保证信息的全面性和准确性，要在全面分析学校基本情况和特点的基础上，综合各种信息，全盘考虑后再设计方案，从而保证方案的可行性。比如，在学习时间的年限规定上，理论上来讲，学分制不应该有年限的限制，但是现实中由于民办高等学校教学条件有限，大多数民办高等学校教室、宿舍资源不足，因此，不允许学生无限制地在学校滞留，一般学制年限规定不能够超过 6 年。其次，要明确方向和目标，科学设计方案的内容，比如，在课程类型的学分分配上，要结合自身的培养目标合理分配学分数量。一般来说，研究型大学强调培养高水平研究型人才，因此这类学校的通识教育课程占全部课程比例的 40%—60%，而民办高等学校本科强调的是高质量应用型人才的培养，因此，尽管我们也提倡拓宽民办高等学校学生的知识面，加强基础，但是相对于研究型大学来说，更强调专业和应用，因此专业课程的占比要略高一些，而通识教育课程占比略低些。再次，方案设计的要求要详细、具体，要具有可操作性，比如每一课程板块的学分数和学分比例要有详细规定；不同专业的学分收费标准要具体、明晰，等等。

6. 统一性与多样性相结合原则

统一性是指学校根据社会、经济发展要求，总体上对人才的培养目标和要求进行统一，实行宏观管理和调控。多样性是指在统一培养目标和要求的前提下，各学院在课程设置等方面具有差异性、开放性和灵活性。在设计基于 MOOC 的民

---

① 萧浩辉. 决策科学辞典 [M]. 北京：人民出版社，1995：56.

办高等学校学分制方案时，学校对人才培养规格要提出统一要求，要鼓励形成学科专业人才培养特色，要有利于学院、专业自主设置课程，优化人才培养模式；有利于促进校内外教学资源共享，充分利用校外先进的、优质的教学资源丰富本校的课程体系。同时也向校外开放本校的课程资源，促进本校教学质量的提高。要鼓励学生自主设计，按照自己的兴趣、特长选课，构建合理的知识结构。比如，民办高等学校在运用 MOOC 进行学分制方案设计时，可以采用尔雅综合素养网络通识课程体系，尔雅设置了一套通识教育课程，涉及六大领域 300 多门课程，学生可以在这六大领域里自由选择自己感兴趣的课程，充分体现了统一性和多样性的有机结合。另外，除了在规定的通用的通识教育课程领域里必须选取一定的通识教育课程之外，还必须鼓励各学院多开设专业选修课程，鼓励学生跨专业自由选修自己感兴趣的课程，满足学生的个性化需求。

5.2.3 设计思路

基于 MOOC 的民办高校学分制方案以建立健全基于 MOOC 的选课制、导师制、补考重修制等学分制管理制度体系为基础，以完善教学管理、学生管理、后勤管理等为保障，以构建现代学分制教学管理信息系统为平台，形成充满生机活力的教学运行机制。充分利用现代化信息资源，针对部分教学资源不足的课程，利用在线教育的优势，完善其课程体系，并且利用 MOOC 课程，扩大选修课程比例，为学生提供更多的自主选择机会。

该方案以选课制为中心，以学分作为衡量学生学习状况的计量单位，并按照学分进行教学安排和学籍管理。学制考虑以四年制为参照，在修满学分毕业的前提下，允许每个学生的修学年限在 3—6 年变动。学分修满可以提前到 3 年毕业，学分没有修满的最多可延迟到 6 年毕业。

学分制的核心是选课制，而选课的重点主要集中在通识教育选修课方面，公共必修课和专业课的选修余地较小，且各高等学校已经基本配齐这些课程和教师，这方面的资源和课程尚不十分缺乏。民办高等学校实行学分制面临的普遍困难是通识教育选修课程缺乏。因此，本方案主要是在通识教育选修课程设置方面借助 MOOC 这种模式，科学设置课程体系，完善民办高等学校学分制方案。

在前文论述的三种 MOOC 学习模式中，第一种"自助课程+课程证书认证模式"，由于运行机构尚未完全对外进行学分认证，因此暂不宜作为民办高等学校运用MOOC进行学分制设计的模式。第三种"联盟高等学校课程平台选课+高等学校间学分互认模式"，由于民办高等学校师资和课程资源的匮乏，目前很少民办高等学校被纳入MOOC联盟，其学分互认也难以实现，因而目前也不适合作为民办高等学校运用MOOC进行学分制设计的模式。因此，本书将以D校为例，选取第二种模式，即"第三方课程平台选课+学校学分认证模式"，即购买教育产品公司——超星尔雅科技有限公司的尔雅通识教育网络课程平台，以其综合素养MOOC通识教育课程为核心设计民办高等学校基于MOOC的学分制方案。

尔雅通识教育网络平台长期致力于通识选修课的建设和教学，为那些缺少通识教育师资和资源的民办高等学校提供了打造通识教育的良好平台。尔雅网络通识课是由超星集团课程开发专业委员会依据通识教育前沿研究、参考国内外知名高等学校通识教育实践经验、结合国内教学实际和需求进行顶层设计，聘请国内各领域专家学者讲授，超星集团课程编辑团队精心打造的全面立体的通识教育课程体系。课程全部采用MOOC形态建设，以课程视频为主体，辅以作业题、考试、经典图书等在线富媒体资源。

在现有的第三方MOOC课程平台中，超星尔雅的MOOC通识教育课程体系相对来说较为完善。尔雅网络通识课程目前共有综合素养、通用能力、创新创业、成长基础、公共必修五大类共358门课程，在国内同类产品中课程数量较多、体系较完整、拍摄质量较高。既可以供学校选择符合需求的课程配合校本通识课程，也可以完整引入直接构建学校通识课程体系。

其中，尔雅综合素养通识课程，参照高水平大学的通识教育核心课程而设计，课程质量较高，对培养学生的综合素质有重要的作用。这类课程是本书在设计基于MOOC的学分制改革方案中重点关注的内容。

尔雅综合素养通识课程共设六大模块合计269门课程，这六大模块是文明起源与历史演变、人类思想与自我认知、文学修养与艺术鉴赏、科学发现与技术革新、经济活动与社会管理、国学经典与文化传承。课程涉猎古今中外，从当代历史追溯至古代中西方历史文明，为大家呈现了一场历史与文明的盛宴；通过追寻中西方伦理史视角、解读心理、行为和文化，在研究和比较中碰撞出思想的火花，实现更加深刻的自我认知；在诗词画作中感受美的力量，于声光影中收获感动，随着尔雅课程的名师们领略文学与艺术的动人风采；从爱因斯坦到霍金的宇宙探索物理与人类文明的联系，科学技术不再是印象中的枯燥乏味，而是通过富有魅力的故事般的讲述不断激发起学生探索宇宙的好奇心；财经专家带领学生学习中国税制，法学教授带学生感受宪法的魅力，通过对经济活动和社会管理知识的学习，为经营好我们的社会生活奠定良好的基础；品读史诗巨作，对话先秦哲学，名师解说国学经典，引领我们开启璀璨绚烂的中国文化之旅。借助尔雅综合素养 MOOC 通识课程优质的名师资源，这六大模块课程能够有效帮助学生实现综合素养的全面提升，打破专业视野的局限，帮助学生理解经典名著，对人、社会、文明、国家与世界的永恒问题进行思考，引导学生逐渐形成对人类面对的共同问题的理解力，培养学生理性审视生活并逐步改造的能力。

5.2.4　方案构架

D 校基于 MOOC 的学分制方案包括以下几方面的内容：培养目标与基本要求、学分管理、课程体系及课程教学、收费制度、主辅修制度等。

1. 培养目标与基本要求

本科人才培养的总体目标是培养具有良好的思想政治素质、人文素养和科学素养，专业基础知识牢固，具有创新精神和实践能力，德、智、体全面发展，并能适应社会、经济发展需求的应用型高级专门人才。

对毕业生的基本要求：

（1）具有良好的思想道德素质，养成自由、兼容的科学态度，刻苦、耐劳的工作作风和团结、互助的创业精神。

（2）具有一定的人文、社会和自然科学基础知识，具有广阔的视野，能够借鉴不同学科的方法分析问题和解决问题。

（3）具有较扎实的学科基础知识和一定的相关学科知识，较系统地掌握本专业基础知识和基本技能，了解本专业的发展趋势和新进展，具有一定的从事本专业业务工作的能力和适应相邻专业的业务工作的基本能力和素质。

（4）具有一定的创新精神和终身学习的能力，具有信息收集、分析、处理和应用的能力，具有科学的思维方法和实事求是的探索精神。

（5）具有良好的表达和沟通能力，能比较熟练地运用一门外语进行交流，有较强的口头和书面表达能力。

（6）养成良好的体育锻炼习惯，具有健康的体魄，良好的心理素质。

2. 学分管理

（1）学分组合。基于 MOOC 的学分制方案实行弹性学制，学制为 3—6 年。学生毕业总学分为 150 学分，修满学分即可毕业。最短毕业时间可提前到 3 年，最长毕业时间不得超过 6 年。

其学分组合如下：

总学分为 150 学分，其中非课程活动及课外创新共 20 学分，占总学分的 13%，非课程活动 17 分，占总学分的 11%，课外创新 3 学分，占总学分的 2%；课程教学 130 学分，占总学分的 87%。

（2）学分绩点制。为了衡量学生的学习质量，实行学分绩点制。采用平均学分绩点。平均学分绩点（GPA）是评价学生一个时段或大学期间学习质量的重要指标。一门课程的学分绩 = 该课程的绩点×学分数。平均学分绩点（GPA）= 所修课程学分绩之和÷所修课程学分之和。具体算法如表 5-9 所示。

表 5-9　　　　　　　　　　　　　学分成绩与绩点转换

成　　绩	绩　　点
90—100 分	4.0
85—89 分	3.7
82—84 分	3.3
78—81 分	3.0
75—77 分	2.7
72—74 分	2.3
68—71 分	2.0
64—67 分	1.5
60—63 分	1.0
60 分以下	0

3. 课程体系与课程教学

（1）课程结构。基于 MOOC 的学分制课程结构包括非课程活动、课外创新活动和课程教学活动三部分。

非课程活动 17 分。包括入学教育 1 学分、军事训练 2 学分、专业实习 6 学分、毕业设计 6 学分、创业教育 2 学分（原来的人才培养方案中的生产劳动、学年总结、毕业教育各减掉 1 学分，因为这些学分基本上只是个形式，没有实质性的活动和内容）。

课外创新活动 3 学分。旨在加强对学生创新意识、创新精神和创新能力的培养，鼓励和倡导学生积极参加学科竞赛、课外科技和科研活动、创造发明活动和各类社会实践活动，提高学生综合素质，促进学生个性发展。（D 校原有方案中的课外创新学分 10 学分，占总学分的 16%，占比过高，本书认为，创新教育不只是体现在课外，而是应该贯穿在课内课外的一切环节，参照其他高等学校情况，本方案在原来方案的基础上减少了 7 个学分）。

表 5-10　　　　　　　D 校基于 MOOC 的学分制课程体系（本科生）

	非课程活动 学分 17（11%）	包括入学教育、军事训练、专业实习、毕业设计、创业教育。		
总学分 150（100%）	课程教学学分 130（87%）	通识课程 47（31%）	公共必修课程	37（25%）
			综合素养 MOOC 通选课程	10（6%）
		学科大类基础课程 40（27%）	40（27%）	
		专业特色课程 43（29%）	专业必修课程	20（13%）
			专业选修课程	23（16%）
	课名创新学分 3（2%）	课外各类社会实践创新活动		

如表 5-10 所示，课程教学活动 130 学分，占总学分的 87%，包括三大课程模块：通识课程（包括公共必修课程和综合素养 MOOC 通选课程）47 学分（占总学时的 31%，占课程教学时数的 36%），学科大类基础课程 40 学分（占总学时的 27%，占课程教学时数的 31%），专业特色课程 43 学分（占总学时的 29%，占课程教学时数的 33%）。

该方案中扩大了选修课的比例，适当降低了必修课的比例。原有的通识课程包括公共必修课和跨专业任意选修课程，占总学时的 28%，占课程教学学分的比例为 35%。其中公共必修课程占总学时的 24%，占课程教学学分的比例为 30%。跨专业任意选修课程占总学时的 4%，占课程教学学分的比例为 5%。现方案中的通识课程包括公共必修课程和综合素养 MOOC 通选课程，占总学时的 31%，占课程教学时数的 36%。其中公共必修课程占总学时的 23%，占课程教学学分的比例为 25%。综合素养 MOOC 通选课程（取代原来的跨专业任意选修课程）占总学时的 6%，占课程教学学分的比例为 8%。

通识课程中的公共必修课程由原来的 39（24%）学分降为 37（23%）学分（其中原方案中的创新创业指导课因为与非课程活动中创业教育重复，故取消；心理健康教育中只保留"心理学与幸福人生"课程，原有的"和谐班级团体辅导"与心理健康课程的要求差距较大，故取消），取消了原有的跨专业任意选修课 6 学分（这类课程可放入专业选修课程中，供主辅修的学生选用），增加了综合素养 MOOC 通识选修课程 10 学分。

该方案中的综合素养 MOOC 通选课主要采用尔雅综合素养网络通识课程。尔雅综合素养网络通识课程共分六大模块：大类文明起源与历史演变、人类思想与自我认知、文学修养与艺术鉴赏、科学发现与技术革新、经济活动与社会管理、国学经典与文化传承。每个模块至少选修一个学分，人文、社会科学类学生至少应在科学发现与技术革新类选修 2 学分课程，自然科学类学生至少应在人类文明起源与历史演变类和国学经典与文化传承类各选修 2 学分课程，所有学生均应至少在文学修养与艺术鉴赏类选修 2 学分课程。

（2）课程教学方式、学习方法和学习流程。采用多种教学方式和学习方法。对于线下的传统课程，采用讲授法、讨论法、翻转课堂等多种方法相结合。

对于线上的综合素养 MOOC 通选课程实行在线教学，采用网络学习法。师生以课程为中心，展开作业、考试、答疑、讨论、评价等互动教学活动。学生通过观看视频、完成测验、阅读图书、参与讨论、提出问题、接受任务等环节完成学习。学生在登录后可以查看自己的学习情况，包括学习进度统计、章节统计、访问统计。进度统计中，系统自动对各学生的学习进度进行盲排，即学生可查看自己在班级中的学习进度排行，从而调整后续的课程学习。若老师发放课程选择了闯关模式，则学生必须完成老师设置的任务点之后才能进行后续章节的学习。师生可以就课程学习进行讨论，可以使用富媒体的资源进行讨论内容的补充答疑，增强师生的互动，加深学生对知识的理解。教师在线回答学生提出的问题，与学生及时沟通。

综合素养 MOOC 通选课在线学习的具体流程为选课、学习、考试、成绩认定。尔雅网络平台目前有两种选课方法，一是在学校教务平台选课，二是在尔雅平台上选课。在该校局域网没有建设好前，可先在尔雅平台上设置学校专属站点开设学校购买的课程，之后开设所有参与尔雅学习的师生账号。学生登录尔雅平台进行选课，选课后便可学习。在学校局域网建好以后，学生选课前，可将学校购买的尔雅通识课程的相关信息导入学校教务平台中，学生在教务平台上进行选课。选完课后，学校将学生选课数据从教务平台导出再转到尔雅平台上。

学生需在规定时间内登录系统，选修尔雅综合素养通识课程，完成选课后，修习名单和选课信息导入学校网络学习中心平台。学生在规定时间按提示完成考试。学生在线需要完成视频、测验、考试等多项任务，基于形成性+终结性的评价体系实时获得分数。学校对学生所选课程进行学分认证，达到及格标准即承认学分。把所有学生的成绩导入教务系统中，学校便可认定学分。

（3）课程考核方式。课程考核形式多样化。考核成绩由平时成绩（50%）+期末成绩（50%）两部分组成。平时成绩=20%出勤率+30%课堂表现+20%期中考试+30%课外作业。期末考试可采用闭卷笔试、开卷笔试、课程论文、口试、实验操作、上机考试等形式评定学生期末成绩，鼓励适合的课程以课程论文作为考核的主要方式。

综合素养 MOOC 通选课实行线上考核，包含视频、作业、考试、访问数、阅读任务点等维度。在线教学中加入学习流程管理，监控学生学习过程，设置各项学习指标的权重，统计学习成绩，使学生在课程学习合格后可以顺利拿到所通过课程相应的学分。最终线上成绩由各项成绩加权得到，其中课程视频权重 30%（课程视频全部看完得满分，单个视频分值平均分配，满分 100 分）；课程测验权重 20%（学生接收到的所有测验任务点平均分配，未做的测验按"零"分计算）；访问数权重 10%（访问次数达 300 次为满分，最多不超过上限分数）；作业权重 10%（所有作业的平均分）；考试权重 30%（所有考试的平均分）。

线上考核建立相应的题库，考试支持智能组卷，自主选题，多套试卷，乱序排列。客观题可自动批阅。教师可以自主设置考试发布时间和考试时长。

教师所有教学环节下的试题自动保存在题库中，供教师循环使用资源。以一键导入的形式，快速完善题库建设。还可以用同样方法设置作业库和试卷库，发布教学所需内容，减少教师的工作量。题库的建设可以通过教师对试卷中的试题进行添加、修改、删除、任意排序、预览等，对试题进行分值分配。试卷包括客观题、主观题、复合题等。试题的属性包括类别、难度系数、适用层级等。同时，系统根据试题的使用频率和学生回答的正确率进行自适应的调整难度系数，力求难度系数符合真实情况，提高参考价值（参见尔雅通识教育网络课程平台介绍）。

对学生考核不及格的课程，学校给予一次免费补考机会，补考不及格，需重修该门课程，或者另选其他课程冲抵该门课程的学分，并按实际学分收取学费。

4. 收费制度

基于 MOOC 的学分制学费由专业注册学费和课程学分学费构成。课程学分学费是指以每类专业应修最低总学分为计算基础，在学年制学费总额度内确定的每学分应交纳的费用。专业注册学费是指以不同专业的生均培养成本为计算基础，在学年制学费总额度内扣除课程学分学费后每学年交纳的费用。提前 1 年毕业或者推迟 1—2 年毕业的学生均按在校的实际年限收取专业注册学费，学分学费按实际学分收取。

学年专业注册费收费标准：根据不同专业的培养成本、专业特色、学科差异而确定。标准如下：一般专业 5500 元/学年，热门专业 8500 元/学年，艺术专业 10500 元/学年（其中音乐学 13500 元/学年）（各专业具体收费标准见表 5-11）。

表 5-11　　　　　**D 校基于 MOOC 的学分制学费收费参考标准（本科生）**

类别	学年学费标准（元）	学年专业注册学费（元）	学分学费
一般专业	13000	5500	每学分不低于 200 元；
热门专业	16000	8500	总学分学费不低于 30000
艺术专业	18000	10500	元（200 元/学分×150 学
音乐学	21000	13500	分）

课程学分学费收费标准：按学生所选修课程的学分收费，每学分学费 200 元（目前各高等学校学分制收费标准是每学分 100—200 元不等，民办高等学校多数是每学分 200 元），音乐专业特殊课程每学分学费 300 元。总学费不能超过各省物价部门规定的数额。学生在所在专业培养方案规定之外加修的课程，按实际学分收取课程学分学费。这部分学费不包括在总学费之中，不需要报物价部门审核。综合素养 MOOC 通选课的学分费用由学校统一收取，学校每年向超星尔雅公司缴交 30 万元的综合素养 MOOC 通选课费用。

学费收取：学费按照学年学费标准在每学年开学时收取，每学年的第二学期的期末前结算一次，按照学生实际所选学分多退少补。在规定时间内未交清应补缴的课程学分学费的学生在下学期不予注册。对第一次考试不及格的学生，给予一次免费补考的机会。对补考不及格者，必修课必须重修，选修课可以申请重修，也可以改选其他课程。申请重修和改选其他课程者须重新交纳课程学分学费。

学生在毕业前，必须交清专业注册学费和所修课程学分学费方能取得毕业资格，正常办理离校手续。

（5）主辅修和双学位制度。鼓励学生跨学科、跨专业选修课程，符合学位授予条件的，可以申请授予相应的辅修专业学士学位。修习辅修专业的学生必须修满所辅修专业培养计划规定的专业特色课程 43 学分；修习双学位的学生必须修满所选修专业培养计划规定的专业特色课程 43 学分，并完成所选专业培养计划中要求的实践环节（见表 5-12 辅修与双学位培养方案）。

表 5-12   主辅修与双学位培养方案

课程名称	学 分	
	辅修专业	双学位
×××××		
×××××		
×××××		
×××××		
×××××		
×××××		
×××××		
×××××		
×××××		
×××××		
×××××		
×××××		
×××××		
×××××		
×××××		
×××××		
×××××		
×××××		
×××××		
实践环节	/////////	
总计	43 学分	43 学分，并完成所选专业培养计划中要求的实践环节

拟攻读双学位主辅修的学生在入学半年后的每一个学期均可提出申请，其中：
①申请修读双学位的学生原则上已修第一专业学位课程平均学分成绩应≥75

分或平均学分绩点≥2.5，主要基础课程和专业主干课程单科成绩≥70 分，必修课及专业课不及格的科目累计不超过二门。

②申请修读主辅修的学生原则上已修第一专业学位课程平均学分成绩应≥70 分或平均学分绩点≥2.0，主要基础课程和专业主干课程不及格的科目累计不超过三门。

③以上两种，若申请者的主要基础课程和专业主干课程成绩特别优秀，其他条件可适当放宽。

以上是 D 校基于 MOOC 的学分制方案设计，为使思路更加清晰，下面以示意图表示其设计框架（见图 5-1）。

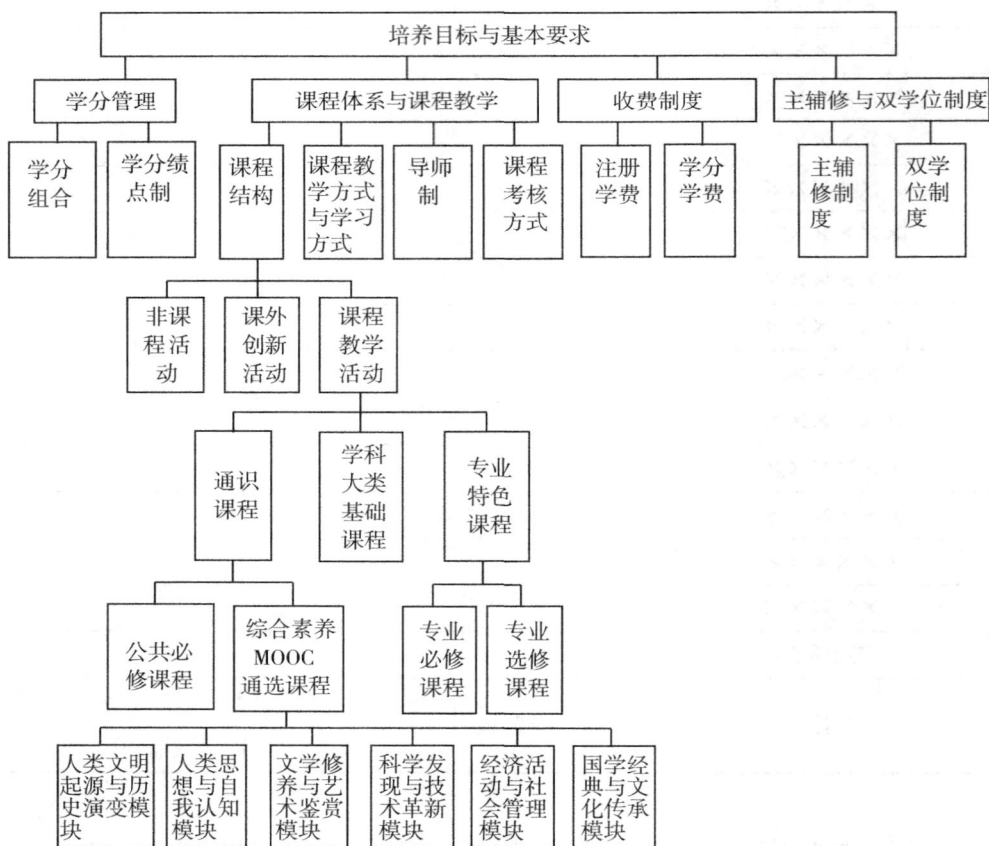

图 5-1　D 校基于 MOOC 的学分制方案设计示意图

　　该方案按照多元智能理论，增加了大量优质MOOC通识教育选修课程，使学生能够自由地选择课程，从而有利于促进学生多方面智能的发展；按照网络学习环境理论，充分发挥MOOC的特点，关注课程学习的广阔性、互动性、自由性和精服务，从而有利于提高学生学习效果和质量；按照公共产品理论，谁付费谁受益，设计了合理的学分收费制度，这有利于促进学生的主体意识，使学生能够更加努力学习。总之，新的学分制方案更加科学、新颖、完善、高效，更有利于高质量人才的培养。

6 基于 MOOC 的民办高校学分制 方案实施的保障策略

基于 MOOC 民办高校的学分制方案力图打破传统的以刚性教学计划和统一培养规格为基本特征的学年制，转向实行基于现代化的信息资源、以选课制和弹性学制为核心的学分制，这不仅仅是一次教学组织与管理制度的变革，也是一次深刻的教育思想观念的变革。

基于 MOOC 的学分制的实行需要一个开放的教育理念，需要给学生一个自由学习的空间。然而，由于制度上的安排、生源市场竞争以及民办高校社会声誉的追求，民办高校要求学生抓紧时间学习，甚至强制性地要求学生学习，国内部分民办学校也存在着封闭式的、军事化管理状况。[①] 这种管理理念有违开放教育理念，也有悖于学分制的核心理念。因此，要转变办学思想，确定以培养学生素质为目标的观念，树立学生的主体地位，坚持知识、能力与素质协调发展培养人才；要与时俱进，不断创新，转变服务意识，完善管理制度，保障学生的自由选择。

基于 MOOC 的民办高等学校学分制方案的实施是一项系统工程，需要学校调动各方面的资源和力量，相互配合和支持才能得以顺利推行。这其中离不开制度保障、经费投入、后勤供给等一系列制度建设和组织机构建设。

6.1 制度保障

基于 MOOC 的学分制方案的实行需要转变服务意识，完善相关管理制度，从

---

① 陈新民，周朝成．民办高校学分制改革之探讨［J］．浙江树人大学学报，2005（11）：16.

而保障基于 MOOC 的学分制方案的顺利实施。制度建设既包括学校出台的各种文件，也包括相应的组织机构建设。

6.1.1 建立健全教学管理制度

由于基于 MOOC 的民办高校学分制方案是以选课制为基础，所以它比学年制要复杂得多。学年制条件下那种同一个专业、同一时间、同一地点、同一个班整整齐齐地入学，整整齐齐地学同一门课程，在同一个班级一起学习的概念将逐渐淡去，取而代之的是对每一个学生进行单一管理，从而使教学管理工作的工作量大幅度增加，工作细致程度大幅度提高。每学期有几千名学生在网上选课，还要接受学生的退选和改选，工作量很大。由于学生可以自由地跨专业选修课程，就很容易发生选课冲突的现象，再加上选修科目多，学生上课的流动性大，从而导致教学秩序难于管理。[①] 由于 MOOC 学习的特殊性，因此无论是课程选择还是课程学习，都对现行的教学管理制度提出了挑战，因此，需要完善相关管理制度，提高管理水平。

为使基于 MOOC 的学分制方案顺利实施，民办高等学校的学籍管理、课程管理、教材管理、考务管理、教学模式、教学监控、教学评价等，都要考虑基于 MOOC 的学分制下自主学习过程的特殊要求，要围绕学生的自主学习进行相应的改革和探索，消除阻碍自主学习的环节。要转变思想，用现代管理理念，以及现代信息技术和手段替代旧的教学管理理念和传统的教学管理方法，提高教学管理的科学性。

6.1.2 建立健全学生管理制度

学生的自主学习行为是基于 MOOC 的学分制顺利有效实施的重要保障和前提，如果学生消极应付，缺乏自主学习意识，没有良好的学习习惯，基于 MOOC 的学分制的实施是不可能成功的。

民办高等学校一般都属非重点高等学校或新建院校，相对其他普通或重点高

---

① 刘林. 独立学院学分制运行机制探索 [J]. 湖南农业大学学报（社会科学版·素质教育研究），2007（2）：26.

等学校，学生的整体素质和能力水平较低，生源质量参差不齐，这些特点增加了学生的管理难度。因此，要想推进基于 MOOC 的学分制改革顺利实施，必须完善民办高等学校的学生管理制度，加强民办高等学校的学生管理工作建设。

其一，加强学风建设，完善相关制度建设。民办高等学校存在着严重的学生学习动力不足的问题。民办高等学校相当部分学生是高考成绩不理想的学生，很多学生的学习目的不明确，没有正确的学习态度，对未来没有清晰的规划，在学习中也不会进行学习方式的研究和学习方法的钻研，没有主动学习的积极性。而网络环境下的学习是一种高度自主性的学习，学习动机是推动学习者参与学习活动的内在动力，也是决定在校学习者学习成效的重要因素。因此，要加强学风建设，端正学生的学习态度，完善相关制度，加大奖惩力度，激发和维持学生线上线下的学习动机。

其二，建立多元管理制度，培养学生自主学习能力。受我国教育体制的影响，应试教育还是占有相当重要的地位，甚至占主流地位。在此影响下，学生在上大学前主要是按部就班地准备高考，上了大学以后很多学生不会自主安排学习，学习上存在很大的盲目性。部分民办高等学校学生在自我控制、自我约束、自我规划、自我学习等方面缺乏自我管理的意识和能力。而基于 MOOC 的学分制的重要特点就是需要学生在学校提供的平台和条件下，无论是面授课程还是网络课程，都需要学生自主地选择课程，进行自主学习，随时关注课程进度，按要求完成学习任务并获取相应学分。因此，必须加强民办高等学校学生的自我管理意识，提高其自我控制、自我约束、自我规划、自我学习的能力。

6.1.3 建立健全导师制

目前，民办高等学校学生管理队伍人员配备较少，按照教育部评估指标规定，辅导员与学生的配比是 1∶200，但几乎鲜有民办高等学校达到此标准，民办高等学校的辅导员配备严重不足，且承担的任务较为繁杂琐碎。

由于民办高等学校学生的特点，学生管理队伍的责任重大：保安全、保稳定成为民办高等学校学生管理工作的关键词。他们更多的是关注学生的安全教育，纪律教育，强调对学生的纪律管理、行为约束、养成教育，主要任务是处理学生的日常事务以及各种突发事件。他们也很少有精力把关注度放到学生的学业引导、课程学习、人生规划上来。因此，实行基于 MOOC 的学分制方案需要改革学生的管理体制，采用导师制的管理模式，指导学生合理选课，保证学习的质量。

导师制是密切师生关系，充分发挥教师主导作用，针对学生的个性差异，因材施教，指导学生学习的教育教学制度，是实施和完善学分制的必要组织保证。导师制与辅导员制相配合，共同促进学生成长成才。

在基于 MOOC 的学分制的条件下，由于学生对课程、专业了解不深，更有一些学生由于倾向于选择那些容易得到学分的课程，以致不能形成比较合理的知识结构。实行导师制，由导师对学生的学业进行有针对性的指导，可以有效地防止上述情况的产生。

指导教师要进行上岗前的培训，使之明确导师的职责。导师制下的导师主要有以下职责：

（1）帮助学生熟悉专业。导师应向学生介绍本学科和专业的教学内容、方向和发展前沿，使学生及时了解和明确专业的学习内容与发展方向。

（2）指导学生按照学分制的规定合理选课。导师有义务向学生提供有关选课的各种规定、程序，教学计划和毕业要求等各种信息；帮助学生制定适合自己特点、兴趣和就业目标的学习计划；帮助学生了解课程间的内在联系，与学生商量讨论和分析各种选课方案的利弊，结合学生个体需要独立设计出适合其自身发展的学习方案，并提供贴切的学业、专业、职业咨询服务。

（3）跟踪学生学习状况，督促学生及时完成线上线下各种学习任务。对学生的线上课程学习进行指导，帮助学习困难的学生解决专业学习中的有关问题，指导学生掌握大学学习方法，从而保障学生顺利完成学业。

（4）引导学生进行创新性研究。导师应创造条件让学生参加科研活动；组织学生进行研究性学习，指导学生撰写具有创新价值的课程论文，引导学生积极参与"科技创新"比赛。

要严格导师资格，担任导师的教师必须：

（1）有较强的责任心，严于律己，为人师表，关心学生的成长与成才。

（2）治学严谨、业务能力强、工作认真负责、有较丰富的教学经验、熟悉被指导学生所在专业及相关专业的培养计划，熟悉基于 MOOC 的学分制下的教学管理和学生管理相关规定，理解基于 MOOC 的学分制的运行机制。

（3）担任导师的教师原则上是在本院工作、本专业的、具有讲师以上职称或硕士以上学历的教师。

学生应尊重导师，主动与导师联系，就自己在学业上遇到的疑难问题寻求导师的指导和帮助。每学期开学后学生须在第一时间与导师见面，并根据导师的意见与本人的实际情况订出本学期的学习与发展计划。学生要以主动认真的态度参与导师确定的各项活动，积极主动参加"科技创新"等学术活动。在科研训练中努力培养和提高自己的科研与创新能力。

导师工作是导师教育教学工作的重要组成部分，应进行工作量和工作绩效的考核，并作为教师岗位聘任的基本条件，且列入年度考核内容。导师工作纳入工作量核算，每位导师指导一个学生折合成一定的教学工作量。

6.1.4 建立健全收费制度

探索基于 MOOC 的学分制收费机制。按学分收费是学分制管理改革由单纯的教学关系向教学关系与经济关系相结合转变的重要举措。一方面，按学分收费可以促进学生提高主体意识。学分与学费挂钩，学生可以切身感受到学习的成本问题，这就促使学生认真对待所选课程，强化学习责任感，促进学生的学习积极性。另一方面，按学分收费有利于深化教育教学改革，加强课程建设，促进提高教学质量和教学管理水平。学分制收费对教师也能形成一种激励机制，质量高的课程学生选的就多，这有利于调动教师教学的积极性，不断提高教学水平及各项教学能力。同时，学分制收费对相关管理制度也提出了更多的要求。由于现行的财政、价格管理体制与高校学分制改革不完全配套，加之各校选课系统和收费管理系统的不完善，真正按学分收费仍有较大困难。要实现按学分收费，首先要有配套的政策，如允许学校根据学生修业年限的长短、所在专业占用的教育成本等问题在国家规定范围内由学校自主制定收费标准；其次，要合理确定单位学分的收费标准，构建适应弹性学分制的收费模式。[①]

目前，由于大的政策环境尚未改变，因而民办高等学校基于 MOOC 的学分制收费标准只能在各省物价局规定的价格范围内调整，一般分为两部分收取学费，

---

① 刘林 . 独立学院学分制研究［D］. 长沙：湖南农业大学，2009：33-36.

一部分为注册费，另一部分是学分费，总学费不能超出物价局规定的费用，但是，学生超出学分规定所自由选修的学分可由学校自主按照学分标准收取。另外，对于补考的学生，弹性学分制主张采用重修制，即考试不合格者免费补考一次，补考仍不及格者则需再交费重修该课程或另申请修读相关课程，更有效地体现教育公平原则。①

总之，在实行基于 MOOC 的学分制时，必须有一整套与之相适应的制度系统，才能保障自主学习的顺利进行，保证各类教学环节的顺利运行，从而促进教学质量的稳步提高。

6.1.5 建立健全相应的组织机构

前文已经指出，民办高等学校基于 MOOC 的学分制改革是一项复杂的系统工程，除了上述教学管理的规章制度建设之外，仅仅依靠传统的教学管理机构是难以满足学分制建设需要的。因此，民办高等学校在实施基于 MOOC 的学分制的过程中还需要建立相应的组织机构、配备充足的管理人员和专业技术人员。就目前已经实施 MOOC 的高等学校的经验来看，民办高等学校在实施基于 MOOC 的学分制的过程中应该建立以下的组织机构：

1. 学校层面的协调机构

由于 MOOC 的使用涉及平台建设和技术维护、课程建设、课表安排、教师培训、学分管理、学籍管理等诸多部门，仅仅依靠教务部门这个教学管理机构已经无法完成这些任务，这就需要各相关部门的配合和协调。为此，需要学校成立以分管教学的副校长为首的协调机构或建立相应的协调机制。例如，可以考虑成立 MOOC 工作小组或 MOOC 工作委员会，有分管教学的校长负责协调上述工作，减少各部门之间因不协调而产生的工作摩擦，提高 MOOC 的使用效率。

2. MOOC 平台的维护和管理机构

现在公办高等学校有 MOOC 平台的高等学校都已经建立了相应的机构，有的

---

① 刘林. 独立学院学分制研究 [D]. 长沙：湖南农业大学，2009：36-38.

学校划归信息中心管理和维护这个平台，有的则成立 MOOC 办公室或 MOOC 中心（处级管理部门）。这个机构主要负责平台的建设与技术维护，保证平台平稳运行。对于民办高等学校来说，可以不需要建立自己的校内 MOOC 平台而借用校外的某个公司的现有平台，购买这个平台上的课程。但这并不意味着学校没有机构与其开展 MOOC 课程建设中的各项协调和对接工作。也就是说，民办高等学校在购买和使用 MOOC 的过程中必须有一个对外协调机构，这机构可以作为一个独立于教务部门的机构，也可以在教务部门内部增设一个这样的机构，负责 MOOC 课程上线和管理，组织 MOOC 建设（如组织校内教师开设 MOOC 或代表学校在国内外平台上采购本校所需要的 MOOC 课程），保证 MOOC 的内容和质量，特别是要加强 MOOC 内容中意识形态方面的审核，以免造成难以收拾的负面影响。

3. MOOC 平台的使用机构

MOOC 平台的使用机构如各校的教务部门，作为用户，教务部门的职责就是组织教师和学生使用 MOOC 平台上的课程，并且将 MOOC 与实体课堂上的课程有机结合，帮助和规范教师完成课程教学任务；负责确定 MOOC 的教学工作量的审定和教学质量的考核与评价；负责确定 MOOC 与线下课程教学时数的审定与课程学分的认定。

6.2　经费保障

按照公共产品理论，MOOC 属于准公共产品，具有非排他性和不充分的非竞争性的公共产品。MOOC 具有非排他性，比如学生甲线上学习并不排除学生乙也可以线上学习。同时，MOOC 在非竞争性上表现又不充分，具有一定程度的消费竞争性，因为随着学生上线人数的增加，对网速的要求也随之提高；随着学生人数增加，线上老师批改作业和课外辅导的负担加重，产品提供方的成本也会随之增加。而公共产品理论认为，公共产品的供给主体有政府、市场及非营利组织三种，分别对应政府供给、市场供给与自愿供给三种形式。政府供给是政府以公益为目的，通过公共财政供给公共物品，供国内居民享用的供给方式；市场供给是企业等以营利为目的，采用谁受益谁付费的原则，采取收费的方式供给公共物品的方式；自愿供给是社会第三部门，基于自愿的原则，采取免费或部分收费的形式，供给教育、体育、济贫等公共产品的供给方式。目前，我国的 MOOC 产品还不是完全由国家来供给，主要是由市场来供给，按照公共产品理论，市场供给是采用谁受益谁付费的原则，采取收费的方式供给公共物品的方式，因此，购买 MOOC 产品需要一定的经费投入。

　　基于 MOOC 的民办高等学校学分制方案中，其课程体系中 10 个学分的"综合素养通识选修课程"需要购买尔雅公司的 MOOC 通识选修课程，每年需要支付一定的费用。目前尔雅综合素养通识课程共有 269 门，有两种收费标准：一种是包库，一年 30 万元左右，购买尔雅的全部通识课程；另外一种是按人次收费，每人次每年 25 元。无论是采取哪种收费标准，都需要学校每年支付一定的费用（对于学生来说，如果他们选择的是学分制规定的学分课程，那么这些费用应该由学校在学生所缴的学费中支付。但如果学生选择学习的课程是在学分制规定的学分已经修满以后，则应该由学生自己承担课程学习费用。当然，学校为了鼓励学生多学习课程，也可以由学校通过奖励学分的方式支付），需要增加经费投入。需要说明的是，这部分投入实际上可以部分冲抵原有方案的课程体系中淘汰掉的那些与尔雅课程重复或者质量较差的全校性跨专业通选课程，节约下来的课酬可以支付积极参加 MOOC 建设的教师的工资，这样既减少了投入，又享受了优质教育资源，客观上提高了办学的效益。

　　另外，为保障基于 MOOC 的学分制方案的顺利实施，学校需要完善以下配套设施：校园局域网建设（预计投入 300 万元）、教学管理信息系统建设（预计投入 100 万元）、网络选课系统建设（预计投入 100 万元左右）、学费收费系统建设（预计投入 30 万元），这些都是一次性投入。这些资金的投入从长远来看，也会减少因为大量人工投入而导致的管理人头费，同时也提高了管理的水平，因此是必需的投入。

6.3　后勤保障

　　目前，部分民办高等学校对教学资源信息化、教务管理信息化和现代化认识不够，学校还缺乏现代化的办公系统、排课选课软件，管理方式陈旧滞后，对现代化的信息资源建设，课程库建设等也持观望和保守态度。这些思想观念上的落后和认识严重阻碍了基于 MOOC 的民办高等学校学分制改革。

基于 MOOC 的民办高校学分制方案促使民办高校在管理方面必须运用计算机及网络等高科技手段进行科学的智能化管理。在教学运行中，学生选课、课程编排、多媒体教学、学籍管理等均在区域网内进行快捷管理和数据交换，从而形成信息共享、资源互用的教育环境。也为教师与学生，教学与管理构建平台与通道，促进教学管理的沟通与交流，便于形成良好的教学管理机制。而传统的"手工作坊式"的统计、报表、审核等效率不高、用人过多、力度不强的管理模式只能作为"信息化管理"模式的辅助手段渗透于其中，起互补作用。这种信息化、网络化的广泛使用，为学分制改革中实现科学化管理提供了物质上的保证。[①]

基于 MOOC 的学分制改革，给学校管理的硬件设备提出了较高的要求。如在选修综合素养通识选修课时，虽然尔雅公司为保证学生视频学习不受复杂多变的外网环境影响，减轻网络带宽压力，采取了以下布置方案：本地服务器+云服务，在校内建设本地服务器，将课程视频镜像到本地；同时在云端提供课程视频访问入口，供学校师生在校外观看学习；网络教学平台页面内容布置在云端，通过公网访问。但是，仍然对网络带宽提出了以下要求：

由于尔雅网络通识课访问峰值约为选课人数的 10%。以 5000 人选修尔雅网络通识课为例，按 1000 人同时在线计算，每人访问远程页面需要带宽 50Kbps，所以需要公网出口预留 50Kbps/人×1000 人＝50Mbps（50Mb/s＝6.25MB/s）。

师生访问本地视频，流畅播放需要下载速度为 100～200KB/s，即带宽约 0.8～1.6Mbps。为使视频服务在最高并发访问时保持稳定，需要本地网络带宽最少 500Mbps，服务器需要满足 1000Mbps 交换需求，师生终端 100Mbps 接入。

本地服务器参考型号与配置如下：

参考型号：DELL R720 2U 服务器

CPU 单颗英特尔Ⓒ 至强Ⓒ 处理器 E5-2603 v2 1.8GHz 或以上

内存 8G 或以上

---

① 何朝阳等．独立学院教学管理改革的探索［J］．高等工程教育研究，2005（3）：60-61.

硬盘 2T * 4 做成 RAID5 块

RAID 卡 H710

该型号与配置服务器可支持 1000 人并发访问，服务器数量根据实际估算最高并发数计算。

对于尔雅 TSK 平台，配置单台服务器，服务器系统为 Windows 或者 CentOs6.5；配置多台服务器，系统必须为 CentOs 6.5；对于尔雅 MOOC、泛雅平台，无论服务器数量为单台或多台，服务器系统必须为 CentOs 6.5。

因此，民办高等学校要加强后勤保障，加强与相关信息公司的合作与交流，大力支持学校的硬件建设，从而保障基于 MOOC 的学分制方案顺利进行。

7 研究结论与展望

7.1 研究结论

学分制作为一种先进的教学管理制度,以其充分尊重学生的个体差异,因材施教,强调学生的自主学习,注重学生的个性发展,体现了以人为本的教育理念,加上其课程选择的灵活性、学习过程的指导性、弹性学制的机动性、学习内容的宽广性以及人才培养的适应性等特点而迅速地得到推广和不断地发展、完善,被世界各国高等学校采纳并受到了广大师生的欢迎。

MOOC 作为一种大规模开放在线课程,是信息技术在教育领域深入发展的产物,它具有大规模、开放性、自主性等特点。MOOC 的应用和推广对于扩大教育资源、促进教育公平具有巨大的作用。MOOC 的快速发展也倒逼我国高等学校走以质量提升为核心的内涵式发展道路,要求我们解放思想、更新观念,秉承"开放""共享"的理念,以学生的学习和发展为中心,注重互联网时代新的信息化观念、理念和能力的提升,勇于打破传统做法,重塑课程体系、教学内容和教学方式方法,因课制宜,改革甚至颠覆传统的教学模式,不断凝聚共识,全面提高教学水平和人才培养质量。①

民办高等学校实行学分制面临着师资不足、教学资源匮乏等诸多困难,借助信息化手段,充分利用 MOOC 这一现代化教学模式,是解决民办高等学校学分制面临问题的有效办法。2015 年 4 月,教育部印发了《关于高等学校在线开放课

---

① 杨详等.中国在线开放课程发展报告(2013—2016)[M].北京:高等教育出版社,2017:II-III.

程建设应用与管理的意见》，着力推动我国大规模在线开放课程建设走上"高等学校主体、政府支持、社会参与"的积极、健康、创新、可持续的中国特色良性发展道路。2016 年 6 月，教育部发布了《关于中央部门所属高等学校深化教育教学改革的意见》，提出按照统筹规划、试点先行、有序推进的原则，选择部分地区、单位和教学开展高等教育学分认定和转换改革试点。同时，在教学改革专项中明确要求，"高等学校要切实采取措施，将教师建设和应用在线课程合理纳入教学工作量，将学生有组织学习在线课程纳入学分管理，实施课程建设、质量审查、课程运行保障和效果测评"。这些配套政策和指导性文件为民办高等学校运用 MOOC 推行学分制改革保驾护航。民办高等学校要重视利用 MOOC 等先进技术和手段，引进优质的教育资源、先进的办学模式和教育理念，切实提高民办高等学校的教育质量。

本书基于 MOOC 的视角对民办高等学校学分制方案进行系统而深入的研究。剖析了当前民办高等学校进行学分制改革面临的问题：学科专业设置单一，课程面狭窄；师资队伍力量薄弱；培养方案及课程设置不尽合理；基本教学条件不够完善，管理水平相对滞后；学生选课盲目缺乏导向，学习自主性不强；制度不全与保障缺失，等等，并提出了利用 MOOC 这一新的教学模式，推进民办高等学校学分制改革。本书探讨了 MOOC 的特征及对民办高等学校学分制实施的作用和影响，指出：①MOOC 为民办高等学校学分制的实施提供了更多优质课程资源，促进了精品课程建设。②MOOC 为民办高等学校学分制的实施解决了优秀教师资源不足问题，提高了整体教师队伍质量。③有利于民办高等学校的学生享受优质教育资源，从而助推学分制改革。④MOOC 帮助学生提高学习积极性和自主性，从而有利于民办高等学校学分制顺利推行。

本书概括了当前民办高等学校运用 MOOC 推行学分制可以采用的几种模式：①自助课程+课程证书认证模式。②第三方课程平台选课+学校学分认证模式。③联盟高等学校课程平台选课+高等学校间学分互认模式。并以 D 校为例，借助尔雅通识教育 MOOC 平台，设计了基于 MOOC 的民办高等学校学分制方案，该方案对部分高等学校实行的购买第三方课程平台选课+学校学分认证模式的实践探索进行了概括、总结和提炼，上升到理论高度，并加以完善，以期为更多的民办高等学校进行基于 MOOC 的学分制改革提供参考。该方案按照多元智能理论，增加了大量优质 MOOC 通识教育选修课程，使学生能够自由地选择课程，从而有利于促进学生多方面智能的发展；按照网络学习环境理论，充分发挥 MOOC 的特点，关注课程学习的广阔性、互动性、自由性和精服务，从而有利于提高学生学习效果和质量；按照公共产品理论，谁付费谁受益，设计了合理的学分收费制度，这有利于促进学生的主体意识，使学生能够更加努力学习。新的学分制方案更加科学、新颖、完善、高效，更有利于高质量人才的培养。

为保证 MOOC 视域下的民办高等学校学分制方案的顺利实施，本书还探讨了实施基于 MOOC 的民办高等学校学分制方案的保障策略，包括经费保障、制度保障、网络等后期服务和管理保障等。相信本书的研究对加快民办高等学校人才培养模式的改革，推进民办高等学校教育及治理体系现代化的进程，促进民办高等学校学生的个性化发展有着积极的作用。

这里需要特别指出的一点是，本书基于 MOOC 的民办高等学校学分制方案设计研究重点放在了基于 MOOC 的通选课改革上，通选课是学分制改革的核心，而通选课的改革需要一系列的教学管理制度的配合。对于民办高等学校来说，通选课的改革必须基于学分制改革基础之上，由于有少数民办高等学校还未实行学分制，因而单独推行基于 MOOC 的通选课改革而不实行学分制改革是很难推进的，这也正是本书为什么没有选择基于 MOOC 的民办高等学校通选课改革，而是选取基于 MOOC 的民办高等学校学分制改革作为本书研究的主题的原因，将基于 MOOC 的民办高等学校通选课改革置于学分制改革这个大环境之中进行研究，才能够彼此互相促进，相得益彰。

7.2 展望

由于时间匆忙和现实条件的限制，本书还存在一定的局限性。对于民办高校基于 MOOC 的学分制的理论问题只做了初步探讨，还很不成熟。民办高等学校由于其生源质量特点，其通识课程的深度和难度及考核重点与"双一流"大学要有所不同，因此民办高等学校的通识课程还应该突出自身的特色。民办高等学校在运用 MOOC 进行学分制方案设计时，如何针对民办高等学校的具体实际，更好地突出特色，构建符合自身特色的课程体系和学分制方案，这是值得我们进一步深入研究的内容。关于操作层面中的课程教务管理及学分收费等环节在实施过程中还会面临着许多现实的问题需要及时跟进，所有这些问题尚需进一步研究，因此，关于本书内容的研究还远未完结，笔者在今后的学习和实践中还要继续研究和探讨。

参 考 文 献

一、中文文献

[1] ［英］约翰·亨利·纽曼. 大学的理念 ［M］. 高师宁等，译. 北京：北京大学出版社，2016.

[2] ［美］哈佛委员会. 哈佛通识教育红皮书 ［M］. 李曼丽，译. 北京：北京大学出版社，2010.

[3] ［英］路易斯·莫利. 高等教育的质量与权力 ［M］. 北京：北京师范大学出版社，2008.

[4] 冯惠敏. 中国现代大学通识教育 ［M］. 武汉：武汉大学出版社，2004.

[5] 冯惠敏. 中国特色通识教育模式研究 ［M］. 北京：科学出版社，2017.

[6] 杨详等. 中国在线开放课程发展报告（2013—2016）［M］. 北京：高等教育出版社，2017.

[7] ［美］霍华德·加德纳. 智能的结构 ［M］. 北京：中国人民大学出版社，2008.

[8] 李成威. 公共产品理论与应用 ［M］. 上海：立信会计出版社，2011.

[9] 樊勇明，薄思胜. 区域公共产品理论与实践 ［M］. 上海：上海人民出版社，2011.

[10] ［英］亚当·斯密. 国民财富的性质和原因的研究（下）［M］. 北京：商务印书馆，1974.

[11] ［美］詹姆斯·M. 布坎南. 民主财政论 ［M］. 穆怀朋，译. 北京：商务印书馆，1999.

[12] ［美］约翰·S. 布鲁贝克. 高等教育哲学 ［M］. 王承绪等，译. 杭州：浙

江教育出版社，2001.

[13] 杨黎明．职业院校实施学分制的理论与实践研究 ［M］．北京：高等教育出版社，2003.

[14] 杨冬梅，Eric Zengxiang Wang．面向学生的远程教育模式研究——以加拿大阿萨巴斯卡大学为例 ［J］．中国远程教育，2013（1）.

[15] 董泽芳．我国高等教育改革发展面临的十大机遇 ［J］．湖北社会科学，2013（1）.

[16] 王文礼．MOOC 的发展及其对高等教育的影响 ［J］．江苏高教，2013（2）.

[17] 别敦荣．论学分制的教育原理及实施的原则要求 ［J］．中国高教研究，2013（3）.

[18] 潘懋元，别敦荣，石猛．论民办高校的公益性与营利性 ［J］．教育研究，2013（3）.

[19] 胡伟国，章志图．加强民办高校大学生责任教育的实践探索 ［J］．教育研究，2013（4）.

[20] 覃丽君，陈时见．欧美大学学分制的比较与借鉴 ［J］．教育发展研究，2013（11）.

[21] 彼得·梅尔，汉斯·R.弗里德里希，孙琪．德国实施"博洛尼亚进程"的进展及其存在的争议 ［J］．比较教育研究，2013（8）.

[22] 吕静宜．独立学院实施学分制的路径、机制与条件分析 ［J］．高教探索，2013（5）.

[23] 苏永建．高等教育质量保障的历史演进、全球扩散与发展趋势 ［J］．高等教育研究，2017（12）.

[24] 郝丹．国内 MOOC 研究现状的文献分析 ［J］．中国远程教育，2013（11）.

[25] 郝丹．MOOC．颠覆与创新？——第 4 次"中国远程教育青年学者论坛"综述 ［J］．中国远程教育，2013（11）.

[26] 周建民，茹阳．美国大学学分制模式的主要特征及启示 ［J］．东北大学学报（社会科学版），2007（5）.

[27] 陈涛．再探学分制——学分制的形成、发展、问题及展望 ［J］．现代教育管理，2013（9）.

[28] 陈肖庚，王顶明．MOOC 的发展历程与主要特征分析［J］．现代教育技术，2013（11）．

[29] 李硕，张新明．基于 LAMP 的学分制选排课缴费系统的研究［J］．中国教育信息化，2013（21）．

[30] 尹毓婷．欧洲高等教育改革的博洛尼亚进程浅析［J］．东岳论丛，2009（8）．

[31] 江天肃，张洪波，杨军，刘博林，徐洪吉．关于完全学分制的思考［J］．现代教育科学，2009（11）．

[32] 郑延才．美、日、中高校学分制模式的比较与评析［J］．黑龙江高教研究，2008（1）．

[33] 康叶钦．在线教育的"后 MOOC 时代"——SPOC 解析［J］．清华大学教育研究，2014（1）．

[34] 约翰·巴格利，陈丽，年智英．反思 MOOC 热潮［J］．开放教育研究，2014（1）．

[35] 夏春明，范圣法．国内高校学分制绩点度量模式的比较与研究［J］．江苏高教，2014，（2）．

[36] 周艳，李育泽，徐义东．基于 MOOC 理念的微课资源网站设计［J］．现代教育技术，2014（1）．

[37] 罗博．大规模在线开放课程（MOOC）与高校图书馆角色研究综述［J］．图书情报工作，2014（3）．

[38] 王聪聪．MOOC 运动及其对公共图书馆建设的影响［J］．图书馆论坛，2014（4）．

[39] 高地．MOOC 在西方高校德育课程中的应用及其对我国高校思想政治理论课建设的启示［J］．现代远距离教育，2014（2）．

[40] 徐晓飞．抓住 MOOC 之机遇　促进计算机与软件工程专业教学改革［J］．中国大学教学，2014（1）．

[41] 傅天珍，郑江平．高校图书馆应对 MOOC 挑战的策略探讨［J］．大学图书馆学报，2014（1）．

[42] 杨劲松，谢双媛，朱伟文，方小楠．MOOC——高校知识资源整合与共享新

模式 [J]. 高等工程教育研究, 2014 (2).

[43] 陆波. MOOC 环境下的图书馆角色定位与服务创新 [J]. 图书与情报, 2014 (2).

[44] 柴改英. MOOC 之于外语教育场域的思考——惯习冲击、协作创新、价值 共建 [J]. 外语电化教学, 2014 (3).

[45] 李亮. MOOC 发展的国家政策支持研究 [J]. 现代教育技术, 2014 (5).

[46] 牟占生, 董博杰. 基于 MOOC 的混合式学习模式探究——以 Coursera 平台 为例 [J]. 现代教育技术, 2014 (5).

[47] 刘和海, 李起斌. "中国式 MOOC" 概念探讨及平台优化策略研究——基 于中文 MOOC 平台的调查分析 [J]. 现代教育技术, 2014 (5).

[48] 陈岩. 高等教育资源配置改革的思考 [J]. 郑州大学学报 (哲学社会科学 版), 2014 (4).

[49] 祝智庭, 刘名卓. "后 MOOC" 时期的在线学习新样式 [J]. 开放教育研 究, 2014 (3).

[50] 袁莉, 斯蒂芬·鲍威尔, 比尔·奥利弗, 马红亮. 后 MOOC 时代. 高校在 线教育的可持续发展 [J]. 开放教育研究, 2014 (3).

[51] 刘建丰. 致力于更具国际竞争力——美国高等教育改革发展的动向与启示 [J]. 教育研究, 2014 (5).

[52] 陈巧云. 德国高等教育的 "卓越大学计划" 改革对我国高校转型发展的启 示 [J]. 现代教育科学, 2014 (5).

[53] 王海荣, 王美静. 国外 MOOC 评估报告对我国高校教学改革的启示 [J]. 中国远程教育, 2014 (3).

[54] 杨玉芹. MOOC 学习者个性化学习模型建构 [J]. 中国电化教育, 2014 (6).

[55] 董晓霞, 李建伟. MOOC 的运营模式研究 [J]. 中国电化教育, 2014 (7).

[56] 王建华. 重启高等教育改革的理论思考 [J]. 高等教育研究, 2014 (5).

[57] 来茂德. 大学教育的十大关系 [J]. 中国大学教学, 2014 (5).

[58] 张丹, 龚晓林. 大学图书馆参与 MOOC 版权服务的实践及启示——以杜克 大学图书馆为例 [J]. 图书情报工作, 2014 (10).

［59］徐舜平．中国大学和教师参与 MOOC 的行为分析——以清华大学为例［J］．中国远程教育，2014（6）．

［60］曾晓洁．美国大学 MOOC 的兴起对传统高等教育的挑战［J］．比较教育研究，2014（7）．

［61］游祎．"MOOC"环境下高校图书馆服务创新研究［J］．图书馆杂志，2014（6）．

［62］赵海霞，谢舒潇，刘永贵，黄雅．高等教育 MOOC 的发展路径、战略影响及理性思考［J］．现代教育技术，2014（7）．

［63］杨玉芹．MOOC 自主个性化学习环境设计的策略研究［J］．现代教育技术，2014（7）．

［64］罗九同，孙梦，顾小清．混合学习视角下 MOOC 的创新研究．SPOC 案例分析？［J］．现代教育技术，2014（7）．

［65］张伟，王海荣．MOOC 课程学习体验及本土化启示［J］．现代远距离教育，2014（4）．

［66］魏传光，洪志雄．超越与局限．MOOC 与网络视频公开课的比较研究［J］．现代远距离教育，2014（4）．

［67］周国平．社会资本与知识转移．民办高校群落裂变衍生机制研究——基于西安的考察［J］．教育发展研究，2014（1）．

［68］宋灵青．MOOC 时代教师面临的挑战与专业发展研究［J］．中国电化教育，2014（9）．

［69］郑燕林，马诗婧，刘爽．SMCR 模式视角下 MOOC 建设的路径选择［J］．中国电化教育，2014（10.）．

［70］阚阅，王蓉．奥巴马政府高等教育改革方案解析［J］．中国高教研究，2014（8）．

［71］沈利华，田稷．MOOC 浪潮中的大学图书馆及馆员［J］．情报资料工作，2014（5）．

［72］汪基德，冯莹莹，汪滢．MOOC 热背后的冷思考［J］．教育研究，2014（9）．

［73］王永固，张庆．MOOC．特征与学习机制［J］．教育研究，2014（9）．

[74] 孙力，钟斯陶．MOOC 评价系统中同伴互评概率模型研究［J］．开放教育研究，2014（5）．

[75] 张麒，刘俊杰，任友群．哈佛"慕课"深度谈——访哈佛大学副教务长包弼德教授［J］．开放教育研究，2014（5）．

[76] 潘燕桃，廖昀赟．大学生信息素养教育的"慕课"化趋势［J］．大学图书馆学报，2014（4）．

[77] 戴建兵，钟仁耀．英国高等教育改革新动向．市场中心主义［J］．现代大学教育，2012（4）．

[78] 谌晓芹．欧洲高等教育一体化改革．博洛尼亚进程的结构与过程分析［J］．高等教育研究，2012（6）．

[79] 刘延东．深化高等教育改革　走以提高质量为核心的内涵式发展道路［J］．中国高等教育，2012（11）．

[80] 钟秉林．民办高校要高度重视和切实加强文化建设——我国民办高等教育改革与发展探析（八）［J］．中国高等教育，2012（12）．

[81] 杨炜长．利益相关者视角下民办高校办学风险的防范［J］．高等教育研究，2012（9）．

[82] 柯佑祥．民办高校的属性识别及其调控机制研究［J］．教育研究，2012（9）．

[83] 魏雁平，应新洋．学分制下构建学业动态监控与指导体系的探索［J］．中国教育信息化，2012（21）．

[84] 邸焕双，王玉英，姜英伟．开展国际交流与合作　推动民办高校改革与发展［J］．中国高等教育，2010（1）．

[85] 韩桂芳．民办本科高校成绩管理模式的研究与信息化［J］．中国教育信息化，2010（7）．

[86] 徐绪卿．我国民办高校发展趋势分析——《国家中长期教育改革与发展规划纲要（2010—2020 年）》颁布后的思考［J］．教育发展研究，2010（18）．

[87] 王奇．上海民办教育发展现状、挑战及战略举措［J］．教育发展研究，2010（2）．

［88］陈新民．民办高校学分制教学管理模式探究［J］．黑龙江高教研究，2006（11）．

［89］徐绪卿．关于民办高校分类管理的思考［J］．教育发展研究，2011（12）．

［90］顾美玲，张海东．国际视野下的中国民办高校发展策略［J］．四川师范大学学报（社会科学版），2011（4）．

［91］朱学伟，杨伟．基于 MOOC 自助课程的高校学分制改革的研究［J］．中国现代教育装备，2015（23）．

［92］马庆功．MOOC 时代学习者评价制度研究［J］．现代教育科学，2016（1）．

［93］胡安明，陈惠娥．学分制下 MOOC 应用于计算机专业的研究［J］．价值工程，2016（1）．

［94］李海英．地方高校如何科学推进 MOOC 建设［J］．科技风，2015（24）．

［95］曹玉慧．大学公共选修课程质量保证研究［D］．中南民族大学，2013．

［96］白洁．我国高校课程管理制度改革研究［D］．武汉理工大学，2015．

［97］何朝阳等．独立学院教学管理改革的探索［J］．高等工程教育研究，2005（3）．

［98］刘林．独立学院学分制研究［D］．湖南农业大学，2009．

［99］刘博菱，张继平．以生为本原则的五个要点［J］．现代教育科学，2015（7）．

［100］吴锦辉．我国主要慕课（MOOC）平台对比分析［J］．高校图书馆工作，2015（1）．

［101］胡洁婷．MOOC 环境下微课程设计研究［D］．上海师范大学，2013．

［102］杨星．现代网络教育中学习的个别化和个性化［J］．中国成人教育，2006（6）．

［103］袁莉，斯蒂芬·鲍威尔，马红亮．大规模模开放在线课程的国际现状分析［J］．开放教育研究，2013（6）．

［104］郭栋．师生比视角下我国高等教育的教师数量分析［J］．河南社会科学，2014（8）．

［105］王静．美国网络学习环境的研究［D］．华东师范大学，2005．

［106］杨丽．网络学习环境理论探究［D］．杭州师范学院，2005．

[107] 冷功业. 中国公共物品非营利组织供给研究 [D]. 西南财经大学, 2010.

[108] 彭蕾蕾. 公共物品的内涵和外延综述 [J]. 中国市场, 2011 (2).

[109] 顾笑然. 公共产品思想溯源与理论述评 [J]. 现代经济, 2007 (9).

[110] 李亚员. 国内慕课（MOOC）研究现状述评：热点与趋势——基于 2009—2014 年 CNKI 所刊文献关键词的共词可视化分析 [J]. 网络教育与远程教育. 2015 (7).

[111] 王正维, 焦艳, 唐安. 课程体系的解构与建构：学分制改革的理论与实践 [J]. 贵阳师范高等专科学校学报（社会科学版）, 2003 (3).

[112] 孙进. 德国高等教育认证——机构、秩序与标准 [J]. 高等教育研究, 2013 (12).

[113] 郭捷. 重视大学本体功能培养全面发展人才 [J]. 中国高教研究. 2007 (3).

[114] 高文. 建构主义与教学设计 [J]. 外国教育资料, 1998 (1).

[115] 鲍传友. 我国高校学分制实施中的问题与对策：来自四所高校的调查研究 [J]. 黑龙江教育, 2005 (1).

[116] 王大磊. 大学"自修 MOOC 学分制"改革研究 [J]. 教育探索, 2016 (11).

[117] 胡安明, 陈惠娥. 学分制下 MOOC 应用于计算机专业的研究 [J]. 价值应用, 2016 (1).

[118] 李宏明, 陈坚. 基于 MOOCS 的高校学分制教学策略探究 [J]. 台州学院学报, 2015 (12).

[119] 朱学伟, 杨伟. 基于 MOOC 资助课程的高校学分制改革的研究 [J]. 中国现代教育装备, 2015 (12).

[120] 朱正茹. J 学院全面学分制下人才培养模式改革研究 [D]. 南京大学, 2010.

[121] 曹十芙, 朱翠英. 独立学院学分制下导师制探析 [J]. 当代教育论坛, 2007 (12).

[122] 李桂红. 我国高校学分制的现状、问题及对策研究 [D]. 河北师范大学, 2010.

［123］周继香．关于完善高校学分制管理的思考［J］．高教论坛，2006（5）．

［124］米镝．学分制及其实施的制约因素分析［J］．周口师范学院学报，2006（4）．

［125］王双梅．我国大学学分制改革的影响因素分析——以武汉大学为例［D］．曲阜师范大学，2015．

［126］郑纪英．我国高校实施学分制的制约因素及对策研究［J］．教育研究与实践，2008（2）．

［127］文开艳．我国高校完全学分制实施现状分析与对策研究［D］．湖南师范大学，2007．

［128］郑延年．美、日、中高校学分制模式的比较与评析［J］．比较教育，2006（1）．

［129］吴云鹏．中国近代高校学分制发展历程述评［J］．现代教育科学，2002（1）．

［130］胡霞．我国高校学分制的实践历程和发展趋势［J］．科技资讯，2006（3）．

［131］陈涛．再探学分制——学分制的形成、发展、问题及展望［J］．现代教育管理，2013（9）．

［132］罗匡．解读大学基本理念——从学分制和MOOC的角度（上）［J］．教书育人：高教论坛，2016（4）．

［133］周建民．美国大学学分制模式的主要特征及启示［J］．东北大学学报，2005（5）．

［134］苗玉凤．美国大学学分制的发展历程及成因分析［J］．现代教育科学，2005（2）．

［135］吴德为．关于日本大学学分制独创性特点的研究［J］．长春大学学报，2006（13）．

［136］张冬，郑晓欣．慕课教育模式的著作权风险探究［J］．贵州师范大学学报（社会科学版），2016（1）．

［137］蒋逸颖，周淑云．美国大学图书馆MOOC版权服务实践与启示［J］．图书馆论坛，2016（2）．

[138] 李明华．MOOCs 革命：独立课程市场形成和高等教育世界市场新格局 [J]．开放教育研究，2013（3）.

[139] 汪琼．MOOCs 与现行高校教学融合模式举例 [J]．中国教育信息化，2013（11）.

[140] 樊文强．基于关联主义的大规模网络开放课程（MOOC）及其学习支持 [J]．远程教育杂志，2012（3）.

[141] 赵寰宇．汉语教学"慕课"视频资源的开发与建设 [J]．现代交际，2014（1）.

[142] 邓宏钟，李孟军，迟妍，谭思昱．"慕课"发展中的问题探讨 [J]．科技创新导报，2013（19）.

[143] 贾寿迪，杨洋．MOOC 模式带给我国开放课程的启示 [J]．中国教育信息化 2014（5）.

[144] 黄兆信，李炎炎．社会创业教育的理念与行动 [J]．教育研究，2018（7）.

[145] 李华等．面向 MOOC 的学习管理系统框架设计 [J]．现代远程教育研究，2013（5）.

[146] 吴淑苹．MOOC 课程模式下云学习环境研究 [J]．软件导刊，2013（3）.

[147] 吴维宁．大规模网络开放课程（MOOC）——Coursera 评析 [J]．黑龙江教育（高教研究与评估），2013（2）.

[148] 李逢庆，赵建民．教学信息化：一场走向在线教育的革命？[J]．现代远距离教育，2013（5）.

[149] 贺斌．慕课：本质、现状及其展望 [J]．江苏教育研究，2014（1）.

[150] 李青，王涛．MOOC：一种基于连通主义的巨型开放课程模式 [J]．中国远程教育，2012（5）.

[151] 刘戟锋．MOOC：传统型大学面临的新挑战 [N]．中国社会科学报，2013-6-26.

[152] 彭常明．大规模开放式网络课程一般结构与学习案例研究 [D]．华中师范大学，2014.

[153] 姜淑慧．MOOCs 与 SPOCs：在线课程发展的不同路径与共同问题 [J]．远

程教育杂志，2014（4）．

[154] 韩冬梅．MOOC 环境下课程学习的体验与思考 [J]．天津电大学报，2014（2）．

[155] 尚俊杰．MOOC：能否颠覆教育流程 [N]．光明日报，2013-11-18．

[156] 张振虹，刘文，韩智．从 OCW 课堂到 MOOC 学堂：学习本源的回归 [J]．现代远程教育研究，2013（3）．

[157] 曾晓洁．美国大学 MOOC 的兴起对传统高等教育的挑战 [J]．比较教育研究，2014（7）．

[158] 王文礼．MOOC 的发展以及其对高等教育的影响 [J]．江苏高教，2013（2）．

[159] 高地．美国高校 MOOCs 的特点、争议与思考 [J]．高校教育管理，2015（5）．

[160] 李玉．慕课发展及其对开放大学的启示 [J]．北京广播电视大学学报，2013（5）．

[161] 黎静．在线教育来潮：教师的困境和出路 [J]．高教探索．2013（5）．

[162] 袁莉，斯蒂芬·鲍威尔，比尔·奥利弗，马红亮．后 MOOC 时代：高校在线教育的可持续发展 [J]．开放教育研究，2014（3）．

[163] 老松杨，江小平，老明瑞．后 IT 时代 MOOC 对高等教育的影响 [J]．高等教育研究学报，2013（3）．

[164] 李亚员，管立国．慕课的政治文化本质与政治安全 [J]．理论探索，2015（1）．

[165] 袁莉，斯蒂芬·鲍威尔，马红亮．大规模开放在线课程的国际现状分析 [J]．开放教育研究，2013（3）．

[166] 马楠．网络课程开发的研究与实践 [D]．北京邮电大学，2009．

[167] 尹苗苗，辛清．适合中国国情的高校复合学分制 [J]．科教导刊，2015（3）．

二、外文文献

[1] Pence H E. Are MOOCs a Solution or a Symptom？ [J]．Journal of Educational

Technology Systems, 2013, 42 (2).

[2] Jordan K. Initial Trends in Enrolment and Completion of Massive Open Online Courses [J]. International Review of Research in Open & Distance Learning, 2014, 15 (1).

[3] Duflo BAVB. (Dis) Organization and Success in an Economics MOOC [J]. American Economic Review, 2014, 104 (5).

[4] Moore, M. G. Three Types of Interaction [J]. The American Journal of Distance Education, 1989, 3 (2).

[5] Carey K. Into the Future With MOOCs [J]. Chronicle of Higher Education, 2012 (2).

[6] Erasmus, Programme: Language Massive Open Online Courses [R]. Research Report on Moocs Pedagogical framework, European Union, 2015, 2 (1).

[7] Nkuyubwatsi B. Evaluation of Massive Open Online Courses (MOOCs) From the Learner's Perspective [J]. Proceedings of the International Conference on e-Learning, 2013, 2 (3).

[8] Shirky C. MOOCs and Economic Real ity [J]. Chronicle of Higher Education, 2013, 59 (42).

[9] Skiba D J. Disruption in Higher Education: Massively Open Online Courses MOOCs [J]. Nursing Education Perspectives, 2012, 33 (6).

[10] Mackness J, Waite M, Roberts G, et al. Learning in a Small, Task-Oriented, Connectivist MOOC: Pedagogical Issues and Implications for Higher Education [J]. International Review of Research in Open & Distance Learning, 2013, 14 (4).

[11] Voss B D. MOOCs: Get in the Game [J]. Educause Review, 2013, 48 (1).

[12] Dennis M. The Impact of MOOCs on Higher Education [J]. College and University, 2012, 88 (2).

[13] Waldrop M M. Online Learning: Campus 2.0 [J]. Nature, 2013, 495 (7440).

[14] Becker B W. Connecting MOOCs and Library Services [J]. Behavioral & Social

Sciences Librarian，2013，32（2）．

［15］ Stewart B. Massiveness + Openness = New Literacies of Participation?［J］. Journal of Online Learning & Teaching，2013，9（2）．

［16］ Skiba D J. Disruption in Higher Education. Massively Open Online Courses MOOCs［J］. Nursing Education Perspectives，2012，33（6）．

［17］ Hyman P. In the Year of Disruptive Education［J］. Communications of the ACM，2012，55（12）．

［18］ Roth M S. My Modern Experience Teaching a MOOC［J］. Chronicle of Higher Education，2013，59（34）．

［19］ Stark J S，Lattuca L R. Shaping the College Curriculum：Academic Plans in Action［M］. Boston：Allyn & Bacon，1997．

［20］ Vidovich L. Quality Assurance in Australian Higher Education：Globalisation and Steering at a Distance［J］. Higher Education，2002，43（3）．

［21］ Webter's Ninth New Collegiate Dictionary［M］. Springfield：Merriam-Webster，1987．

［22］ Wheeler D K. Curriculum Process［M］. London：Hodder and Stoughton，1967．

［23］ Day C A，Johnston D，Whitaker P. Managing Primary Schools：A Professional Development Approach［M］. London：Harper & Row，1985．

［24］ Doherty G D. Developing Quality Systems in Education［M］. London：Routledge，1994．

［25］ Drucker P. The Executive in Action［M］. New York：Harper Collins Publishers，1996．

［26］ Ellis R E. Quality Assurance for University Teaching［M］. Milton Park：Taylor & Francis，1993．

三、相关法律法规性文件

［1］ 全国人大常委会．中华人民共和国教育法．

［2］ 全国人大常委会．中华人民共和国高等教育法．

［3］ 全国人大常委会．中华人民共和国民办教育促进法．

［4］全国人大常委会．中华人民共和国学位条例．

［5］教育部．关于加强高等学校在线开放课程建设应用与管理的意见（教高〔2015〕3 号）．

［6］教育部办公厅．关于公布 2017 年国家精品在线开放课程认定结果的通知（教高厅函〔2017〕80 号）．

［7］教育部高等教育司．关于印发教育部高等教育司 2018 年工作要点的通知（教高司函〔2018〕12 号）．

［8］教育部高等教育司．关于举办"信息技术支持下的高等教育教学与管理创新研修班"的通知（教高司函〔2017〕8 号）．

附　　录

附录一：基于 MOOC 的民办高校学分制方案设计访谈提纲

尊敬的老师：

您好！为了了解民办高等学校学分制改革面临的问题，我们正在进行一项调查，希望您能结合自己的情况协助我们完成以下资料收集。本访谈采取不记名方式，您的回答仅用于本次的调查使用，有关个人信息绝对保密，感谢您在百忙之中对我们的支持！

以下提纲仅做参考用，您也可结合此问题发表其他看法。

一、访谈基本情况

访谈学校：＿＿＿＿＿＿＿＿＿

学校教师总数＿＿＿＿＿人　　　学生总数＿＿＿＿＿人

生师比＿＿＿＿＿＿＿

访谈者身份：教师学生/中层管理者/校领导

性别：＿＿＿＿＿　　　年级/部门：＿＿＿＿＿＿

二、访谈主要问题

（一）学校基本设施方面

1. 学校经费及教学资金投入是否充足？

2. 学校教学场所是否充足，能否满足教学需要？

3. 学校是否有现代化教务管理信息系统？

4. 学校是否有局域网（校园网）供选课，网速如何，是否能满足教学？

5. 学校推行学年学分制还是学分制？

6. 学校有无购买各类网络在线课程？

7. 学校有没有自行开发建设网络资源共享课程？（几门）

（二）学校师资队伍方面

1. 学校现有专任教师是否稳定？

2. 近三年教师流动的主要原因是什么？

3. 学校现有教师学历水平、职称结构以及年龄结构如何？

4. 学校辅导员与学生的配比是否达到教育部规定的 1∶200 的标准？

5. 作为老师，您自身最关心的是什么（职业发展、工作氛围、薪酬待遇）？

6. 如果有机会更换工作，您是否会选择离开？

（三）教学计划及课程安排方面

1. 您认为现行的人才培养方案课程总学分合理吗？

2. 您对所开设课程的数量和质量满意程度如何？

3. 对于学校今后课程设置和学分制实施，您认为应多开哪类课程？

（四）教学管理方面

1. 贵校是否有配套的教学管理制度及专门的学分制管理细则？

2. 您认为贵校的学风如何？

3. 您赞成运用 MOOC 进行学分制改革吗？

附录二：民办高校学分制实施现状调查问卷

同学：

您好！为了了解民办高等学校大学生对学分制改革相关问题的看法，我们正在进行一项问卷调查，希望您能结合自己的情况如实填写以协助我们完成以下问卷。本问卷采取不记名方式，您的回答仅用于本次的调查使用，有关个人信息绝对保密，感谢您在百忙之中对我们的支持！

以下题目，请在相应的标号上打勾"√"。

1. 您对学分制的态度：

    A. 支持   B. 无所谓   C. 反对

2 您对现有课程体系的满意度：

    A. 满意   B. 一般   C. 不满意

3. 您认为贵校公共课学分占比：

    A. 太大　　　　　　B. 合适　　　　　　C. 太小

4. 您认为贵校通识选修课学分占比：

    A. 太大　　　　　　B. 合适　　　　　　C. 太小

5. 您认为贵校专业基础课学分占比：

    A. 太大　　　　　　B. 合适　　　　　　C. 太小

6. 您认为贵校专业课学分占比：

    A. 太大　　　　　　B. 合适　　　　　　C. 太小

7. 您对贵校现有选修课程的数量的满意度：

    A. 满意　　　　　　B. 一般　　　　　　C. 不满意，太少

8. 您对贵校现有课程质量的满意度：

    A. 满意　　　　　　B. 一般　　　　　　C. 不满意

9. 您是否愿意选修在线优质课程：

    A. 愿意　　　　　　B. 一般　　　　　　C. 不愿意

10. 学分制管理实行弹性学制，达到规定学分可提前毕业，因故可推迟毕业，如果让你自主选择你会_____

    A. 提前毕业　　　B. 正常毕业（3/4 年）　　C. 延后毕业

11. 对于学校今后课程设置和学分制实施，您认为应_____（可多选）

    A. 上好现有的课程　　　　　　　B. 多开一些通识选修课或讲座

    C. 多开设专业技能训练课　　　　D. 多开设跨专业选修课程

12. 您对于本校的学分制教学管理有什么想法和意见?_____

附录三：超星尔雅综合素养选修课目录

课 程 名 称	教师	学校	推荐学分	课时
阿拉伯世界的历史、现状与前景	李荣建	武汉大学	1	13
中国文明史（上）	姚中秋	北京航空航天大学	1	18
中国文明史（下）	姚中秋	北京航空航天大学	1	18
中国历史人文地理（上）	葛剑雄	复旦大学	2	22

续表

课 程 名 称	教师	学校	推荐学分	课时
中国历史人文地理（下）	葛剑雄	复旦大学	2	21
文化差异与跨文化交际	曾利娟	郑州大学	1	10
历史的三峡：近代中国的思潮与政治	许纪霖	华东师范大学	2	21
葡萄酒与西方文化	尹克林	西南大学	1	13
重说中国近代史	张鸣	中国人民大学	1	20
百年风流人物：载湉	周鼎	四川大学	1	10
百年风流人物：曾国藩	周鼎	四川大学	1	16
百年风流人物：康有为	周鼎	四川大学	1	10
东北亚国际关系史	崔丕	华东师范大学	3	33
欧洲文明概论	朱孝远	北京大学	2	24
西藏的历史与文化	霍巍 等	四川大学	2	24
英美文化概论（英文授课）	Alex Olah	中国石油大学	2	22
文艺复兴：欧洲由衰及盛的转折点	朱孝远	北京大学	2	23
考古与人类	高蒙河	复旦大学	2	28
中国古代史	李鸿宾	中央民族大学	4	42
蒙元帝国史	李治安	南开大学	3	31
明史十讲	樊树志	复旦大学	1	15
清史	李治亭	吉林省社科院	2	21
中国近代人物研究	迟云飞	首都师范大学	1	17
隋唐史	韩昇	复旦大学	2	25
宋辽金史	余蔚	复旦大学	3	31
考古发现与探索	高蒙河	复旦大学	3	32
秦汉史	秦晖	清华大学	2	24
西方文明通论	丛日云 等	中国政法大学	3	33
西方文化名著导读	彭刚	清华大学	2	22
近代中日关系史研究	王晓秋	北京大学	1	16
中西文化比较	辜正坤	北京大学	3	33

课 程 名 称	教师	学校	推荐学分	课时
20 世纪世界史	冯玮	复旦大学	2	22
世界古代文明	陈仲丹	南京大学	3	34
西方文化概论	赵林	武汉大学	3	40
意大利文化	王军	北京外国语大学	3	31
东南亚文化	吴杰伟	北京大学	2	22
德国史	李工真	武汉大学	2	22
今天的日本	贾成厂	北京科技大学	2	25
中华民族精神	杜志章 等	华中科技大学	2	29
文化遗产概览	黄松	同济大学	2	27
走进东盟	李太生 等	南宁职业技术学院	1	12
带您走进西藏	更登磋	西藏民族大学	2	26
中日茶道文化（双语授课）	陆留弟	华东师范大学	1	14
日本人与日本社会	李书成	北京外国语大学	1	11
法语学习与法国文化（双语授课）	马晓宏	北京外国语大学	2	25
拉美文化	陆经生 等	上海外国语大学	1	13
清代八旗制度	定宜庄	中国社会科学院	2	24
文学与伦理	何怀宏	北京大学	1	15
《正义论》导读	刘莘	四川大学	1	18
《理想国》导读	丁耘	复旦大学	2	28
知识论导论：我们能知道什么？	江怡	北京师范大学	2	30
意义生活：符号学导论	赵毅衡 等	四川大学	1	18
人生与人心	陈果	复旦大学	1	20
对话诺奖大师	默里·盖尔曼 等	美国加州理工学院	1	11
中国古典哲学名著选读	吴根友	武汉大学	2	22
逻辑学导论	熊明辉	中山大学	2	27
伦理学概论	廖申白	北京师范大学	2	26
古希腊的思想世界	梁中和	四川大学	1	17
美的历程：美学导论	刘悦笛	中国社会科学院	1	11

续表

课 程 名 称	教师	学校	推荐学分	课时
视觉文化与社会性别	沈奕斐	复旦大学	1	19
纷争的年代：二十世纪西方思想文化潮流	刘擎	华东师范大学	2	23
儒学复兴与当代启蒙	许倬云 等	台湾大学	1	16
中国哲学概论	陆建猷	西安交通大学	2	30
基督教与西方文化	赵　林	武汉大学	2	25
社会史研究导论	赵世瑜	北京大学	2	24
西方哲学智慧	张志伟	中国人民大学	2	30
文学人类学概说	叶舒宪	中国社会科学院	2	30
社会科学方法论	张睿壮	南开大学	1	19
宗教民俗学	色音	北京师范大学	2	23
追寻幸福：西方伦理史视角	韦正翔	清华大学	2	30
新伦理学	王海明	北京大学	4	48
追寻幸福：中国伦理史视角	韦正翔	清华大学	2	29
社会心理学	李强 等	南开大学	3	38
心理、行为与文化	尚会鹏	北京大学	3	31
俄国近代思想史	张建华	北京师范大学	4	46
笛卡尔及其哲学思想	周晓亮	中国社会科学院	1	17
法西斯主义理论剖析	雷颐	中国社会科学院	2	22
分析哲学	江怡	北京师范大学	3	32
古希腊哲学	赵林	武汉大学	2	21
幸福心理学	费俊峰	南京大学	1	19
语言与文化	陈保亚	北京大学	1	19
	汪锋	北京大学		
古典诗词导读	骆玉明	复旦大学	1	16
中国当代小说选读	金理	复旦大学	2	28
走进西方音乐	杨九华	浙江音乐学院	1	16
聆听心声：音乐审美心理分析	周海宏	中央音乐学院	3	36

续表

课 程 名 称	教师	学校	推荐学分	课时
中华传统文化之戏曲瑰宝	汪人元 等	中国戏曲音乐学会	1	14
中华诗词之美	叶嘉莹	南开大学	2	28
中国戏曲·昆曲	张弘	江苏省昆剧院	1	20
西学经典：修昔底德《战争志》	任军锋	复旦大学	1	10
西方文论原典导读	窦可阳	吉林大学	1	13
诗意的人学：西方文学名著欣赏	蒋承勇	浙江工商大学	1	15
艺术鉴赏	彭吉象	北京大学、重庆大学	2	22
设计与人文：当代公共艺术	王鹤	天津大学	2	25
西方现代艺术赏析	铁娆娆	吉林大学	1	10
大学英语过程写作	林娟	吉林大学	1	10
私法英语表达	秦晓雷	吉林大学	1	10
钢琴艺术赏析	王月颖	吉林大学	1	10
声光影的内心感动：电影视听语言	吴卓	四川大学	1	14
从草根到殿堂：流行音乐导论	陶辛 等	上海音乐学院	2	24
深邃的世界：西方绘画中的科学	郭亮	上海大学	1	10
多元对话：比较文学概论	乐黛云	北京大学	1	14
中国现代新诗	温儒敏	北京大学	1	12
《西厢记》赏析	段启明	首都师范大学	1	20
穿 T 恤听古典音乐	田艺苗	上海音乐学院	1	13
中国现代文学名家名作	温儒敏	北京大学	2	30
人人爱设计	王震亚	山东大学	1	15
中国书法史	朱彦民	南开大学	2	25
中国陶瓷史	贺云翱	南京大学	2	24
东方文学史	王向远	北京师范大学	4	60
中西文化与文学专题比较	高旭东	北京语言大学	1	20
美学原理	叶朗	北京大学	2	24
文艺美学	王岳川	北京大学	1	12
东方电影	黄献文	武汉大学	1	13

续表

课 程 名 称	教师	学校	推荐学分	课时
美术概论	李 松	北京大学	2	30
园林艺术概论	唐学山	北京林业大学	2	30
古代名剧鉴赏	陈维昭	复旦大学	2	28
世界建筑史	陈仲丹	南京大学	3	36
文艺学名著导读	陆扬	复旦大学	1	19
中西诗学比较研究	杨乃乔	复旦大学	2	28
艺术美学	李超德	苏州大学	2	30
西方美术欣赏	孙乃树	华东师范大学	2	30
中国古建筑欣赏与设计	柳肃	湖南大学	2	27
漫画艺术欣赏与创作	杨树山	天津理工大学	2	23
音乐鉴赏	周海宏	中央音乐学院	3	35
书法鉴赏	刘琳	中国大风堂艺术研究院	4	43
	赵君	北京大学		
影视鉴赏	陈旭光	北京大学	2	26
舞蹈鉴赏	刘建	北京舞蹈学院	3	33
戏剧鉴赏	张先	中央戏剧学院	2	29
美术鉴赏	李松	北京大学	3	39
戏曲鉴赏	吴乾浩	中国艺术研究院	3	33
艺术导论	彭吉象	北京大学、重庆大学	3	32
公共日语	滕军	北京大学	4	47
大学语文	陈洪 等	南开大学	3	35
抽象艺术学	许德民	复旦大学	1	14
《西游记》鉴赏	杨俊	南京特殊教育师范学院	1	12
宋崇导演教你拍摄微电影	宋崇	同济大学	2	25
诗词格律与欣赏	杨永明	南开大学	2	27
民歌鉴赏	孟超美	南开大学	1	20
电影与幸福感	侯龙龙	北京师范大学	1	19
中华传统文化之文学瑰宝	沈鸣鸣	同济大学	1	10

课 程 名 称	教师	学校	推荐学分	课时
基本乐理（上）	郭蓉 等	福州大学至诚学院	1	10
基本乐理（下）	郭蓉 等	福州大学至诚学院	1	10
基因与人	李大伟	上海交通大学	1	16
什么是科学	吴国盛	清华大学	1	19
汽车之旅	张炳荣	齐鲁工业大学	2	22
	郑枫	齐鲁工业大学		
	孔胜利	齐鲁工业大学		
	刘玉梅	齐鲁工业大学		
	闫鹏	齐鲁工业大学		
	路玉峰	齐鲁工业大学		
舌尖上的植物学	邓兴旺	北京大学	3	31
	许智宏	北京大学		
	李磊	北京大学		
	万建民	中国农业科学院		
	黄三文	中国农业科学院		
食品营养与食品安全	胡敏予	中南大学	1	10
航空概论	马高山	郑州航空工业管理学院	3	32
健康与健康能力	刘佩梅	天津医科大学	1	15
人文的物理学	金晓峰	复旦大学	2	26
科幻中的物理学	李淼	中山大学	1	10
啤酒酿造与文化	聂聪	齐鲁工业大学	1	12
人文视野中的生态学	包国章	吉林大学	1	16
物理与人类生活	张汉壮	吉林大学	1	10
奇异的仿生学	刘燕	吉林大学	1	13
汽车行走的艺术	王建华	吉林大学	1	15
绿色康复	刘忠良 等	吉林大学	1	10
计算机网络技术	李晓峰	吉林大学	1	10
全球变化生态学	古松	南开大学	2	27

续表

课 程 名 称	教师	学校	推荐学分	课时
家园的治理：环境科学概论	戴星翼	复旦大学	2	21
生命科学与伦理	吴能表	西南大学	1	13
前进中的物理学与人类文明	李学潜	南开大学	2	25
数学的奥秘：本质与思维	王维克	上海交通大学	1	18
移动互联网时代的信息安全与防护	陈波	南京师范大学	1	18
科学与文化的足迹	吕乃基	东南大学	2	23
大脑的奥秘：神经科学导论	俞洪波	复旦大学	2	23
星海求知：天文学的奥秘	苏宜	南开大学	2	24
魅力科学	车云霞	南开大学	1	16
	杨振宁	清华大学		
	张首晟	美国斯坦福大学		
	马宗晋	中国地震局地质研究所		
	欧阳自远	中国科学院		
从"愚昧"到"科学"：科学技术简史	雷毅	清华大学	3	32
	杨舰	清华大学		
	冯立升	清华大学		
	戴吾三	清华大学		
	蒋劲松	清华大学		
	鲍鸥	清华大学		
	刘兵	清华大学		
从爱因斯坦到霍金的宇宙	赵峥	北京师范大学	2	23
现代自然地理学	王建	南京师范大学	2	26
全球变化与地球系统科学	刘本培	中国地质大学	2	26
化学与人类	刘旦初	复旦大学	2	27
化学与人类文明	汤谷平	浙江大学	1	15
食品安全与日常饮食	陈芳	中国农业大学	1	14
基础生命科学	张金红	南开大学	2	22
数学文化	顾沛	南开大学	1	20

续表

课 程 名 称	教师	学校	推荐学分	课时
科学启蒙	李俊	南京大学	4	43
世界科技文化史	李建珊	南开大学	2	22
文化地理	韩茂莉	北京大学	2	30
生命科学与人类文明	张铭	浙江大学	2	24
微生物与人类健康	钟江	复旦大学	2	21
数学的思维方式与创新	丘维声	北京大学	4	51
物理与人类文明	叶高翔	浙江大学	3	34
	盛正卯	浙江大学		
数学大观	李尚志	北京航空航天大学	2	22
科学通史	吴国盛	北京大学	2	27
景观地学基础	党安荣	清华大学	3	32
探究万物之理	吕乃基	东南大学	1	19
数学史与数学教育	汪晓勤	华东师范大学	2	24
航空与航天	艾剑良	复旦大学	1	19
现代城市生态与环境学	李建龙	南京大学	1	20
探索发现：生命	黄耀江	中央民族大学	2	24
经国济民	顾骏 等	上海大学	1	18
经济学原理（上）：中国故事	陈钊	复旦大学	2	22
经济学原理（下）：全球视角	袁志刚	复旦大学	1	18
马克思主义的时代解读	吴晓明	复旦大学	1	18
	王德峰	复旦大学		
	张双利	复旦大学		
	刘建军	复旦大学		
	潘伟杰	复旦大学		
	姜义华	复旦大学		
	童兵	复旦大学		
	张辉明	复旦大学		
	杜艳华	复旦大学		

续表

课 程 名 称	教师	学校	推荐学分	课时
时代音画	顾骏 等	上海大学	1	16
社会学与中国社会	郭于华	清华大学	2	23
	晋军	清华大学		
透过性别看世界	沈奕斐	复旦大学	2	28
中国宪制史：从《南京条约》到《临时约法》	高全喜	北京航空航天大学（原）	2	21
中国宪制史：从《临时约法》到《共同纲领》	高全喜	北京航空航天大学（原）	1	19
市场的力量：中国经济改革之思	张维迎	北京大学	1	18
	陈志武	耶鲁大学		
	林毅夫	北京大学		
	邓正来	复旦大学		
	韦森	复旦大学		
	茅于轼	天则经济研究所		
吾国教育病理	郑也夫	北京大学	1	16
法律基础	梅传强 等	西南政法大学	2	30
企业绿色管理	万玺 等	重庆科技学院	1	10
运筹学	刘满凤 等	江西财经大学	1	19
国际金融	汪洋 等	江西财经大学	2	28
轻松学统计	罗良清 等	江西财经大学	2	21
创新中国	顾骏 等	上海大学	1	20
中国税制	王乔 等	江西财经大学	1	12
像经济学家那样思考：信息、激励与政策	陈钊	复旦大学	2	22
新兴时代下的公共政策	赵德余	复旦大学	1	19
宪法的魅力	张千帆	北京大学	1	14

续表

课 程 名 称	教师	学校	推荐学分	课时
当代中国政府与政治	朱光磊	南开大学	2	26
	贾义猛	南开大学		
	张志红	南开大学		
中国马克思主义与当代	吕乃基	东南大学	1	12
经济学百年	李义平	中国人民大学	2	23
国际经济学	彭　刚	中国人民大学	2	26
当代中国经济	陈享光	中国人民大学	3	37
用经济学智慧解读中国	石磊	复旦大学	3	37
微观经济学	史晋川	浙江大学	3	40
宏观经济学	叶航	浙江大学	4	43
个人理财规划	张学谦	对外经济贸易大学	3	35
	柴效武	浙江大学		
经济与中国经济	柳欣	南开大学	3	33
管理学精要	邢以群	浙江大学	3	34
传统文化与现代经营管理	李庚其	北京大学	2	26
国际商务管理	薛求知	复旦大学	3	36
现代大学与科学	李工真	武汉大学	4	41
中国的社会与文化	吕　艺	北京大学	2	22
广播电视概论	易前良	河海大学	2	25
欧洲一体化	郭家宏	北京师范大学	2	21
商法	叶　林	中国人民大学	4	42
法理学	冯玉军	中国人民大学	3	37
法社会学	朱景文	中国人民大学	3	31
商法的思维	曹兴权	西南政法大学	2	29
大国崛起：中国对外贸易概论	苑涛	南开大学	2	22

续表

课 程 名 称	教师	学校	推荐学分	课时
创新、发明与专利实务	毛国柱	天津大学	2	26
	白彦壮	天津大学		
	张永杰	天津大学		
	何勇军	天津海泰优点投资管理有限公司		
	王秀奎	北京盈科（天津）律师事务所		
民族理论与政策	孙峃 等	大连民族大学	1	10
先秦诸子	杨泽波	复旦大学	3	32
《周易》的奥秘	孙劲松	武汉大学	1	15
	叶鹰	南京大学		
	朱彦民	南开大学		
	杨庆中	中国人民大学		
	林安梧	台湾慈济大学		
《资治通鉴》导读	姜鹏	复旦大学	2	25
《论语》导读（复旦版）	张汝伦	复旦大学	2	25
中国文化：复兴古典 同济天下	柯小刚 等	同济大学	1	18
《诗经》导读	李山	北京师范大学	2	24
二十四史名篇导读（一）	韩昇	复旦大学	1	20
文物精品与中华文明	彭林	清华大学	2	24
中国文化概论	李 山	北京师范大学	1	18
中国古典小说巅峰：四大名著鉴赏	蔡义江	中国红楼梦学会	4	56
	侯 会	首都师范大学		
	段启明	首都师范大学		
	袁世硕	山东大学		

续表

课 程 名 称	教师	学校	推荐学分	课时
中华传统思想：对话先秦哲学	万献初	武汉大学	1	16
	李景林	北京师范大学		
	郭齐勇	武汉大学		
	夏可君	中国人民大学		
	陈　炎	山东大学		
先秦君子风范	赵敏俐	首都师范大学	2	29
国学智慧	曹胜高	东北师范大学	3	32
儒学与生活	黄玉顺	山东大学	1	18
唐诗经典与中国文化传统	查屏球	复旦大学	1	17
走进《黄帝内经》	于铁成	天津中医药大学第一附属医院	2	22
中国古代礼仪文明	彭林	清华大学	2	29
《老子》《论语》今读	陈怡	东南大学	3	33
用相声演绎中国文化	丁广泉	中国煤矿文工团	3	34
从泥巴到国粹：陶瓷绘画示范	刘怀勇	清华大学	2	28
民俗资源与旅游	仲富兰	华东师范大学	2	21
山水地质学与中国绘画	康育义	南京大学	2	21
《孙子兵法》与执政艺术	陈昆福	浙江大学	1	10
中国茶道	朱海燕	湖南农业大学	1	12
文化传统与现代文明	吴相洲	首都师范大学	1	10
明清小说名著解读之《聊斋志异》	袁世硕	山东大学	1	10
易学与中国传统文化	黄黎星	福建师范大学	1	15
中国传统玉文化与美玉鉴赏	汪哲	上海中国书画专修学院	1	19
走进中国文化之门	马大勇	吉林大学	1	10
中药学	张冰	北京中医药大学	1	16
《论语》导读（同济版）	刘强	同济大学	2	28
《世说新语》与魏晋名士风流	刘强	同济大学	1	16

后　记

　　五年时间即将过去，我的博士求学之路也即将完成。时光飞逝，白驹过隙。在打下"致谢"二字时，才发现我攻读博士学位的难忘时光即将结束。五年的边工作边读博，一路艰辛，好在有家人及良师益友的鼓励和支持，才使我坚持研究，不断前行。衷心感谢指导我、帮助我和勉励我的老师、家人、同学和朋友！一路有你们，才有我的今天！

　　非常感谢我的指导老师冯惠敏教授！作为一个跨学科专业背景和本学科理论基础十分薄弱的学生，本书的撰写对我来说是一项巨大的挑战。从书稿内容的选题，到框架构建、谋篇布局，冯老师都给予了我太多的指导、启发和帮助。冯老师有着深厚的教育学理论功底，常常一个百思不得其解的问题，经她一点拨，我恍然大悟，实乃令弟子佩服不已！冯老师为人处世正派、低调、真诚，她博学笃志的治学态度和正直无私的为人风范，教会了我治学之道和为人之道。学生资质愚钝、才疏学浅，能顺利完成本书的撰写，完全得益于导师悉心的指导和不弃的勉励，感激之情溢于言表！

　　感谢武汉大学教育科学研究院为我提供了一个追求学问的优质平台。感谢黄明东教授、蒲蕊教授、李保强教授、彭宇文教授、刘亚敏教授、邱均平教授对本书稿提出的宝贵的修改建议，是你们的真知灼见让我的书稿日臻完善。感谢高添壁老师、朱福海老师、夏克辉老师，是你们周到的服务，为住在校外的我解除了后顾之忧。

　　"学贵得师，亦贵得友。"感谢我的同学、师兄、师姐、师弟、师妹们的支持和帮助，是你们让我体会到最纯真的关怀和温暖。感谢师弟熊淦，感谢师妹沈凌、朱秋月，感谢你们成为我博士求学路上的同路人。三人行必有我师，在武大的樱花树下有幸有你们相伴，见证彼此的成长，这是我一生的福分！

　　最后，谨以本书献给我挚爱的父母和家人，因为你们的全力支持和包容，成就了今天的我，希望这份成果与你们分享。

　　"栉风沐雨，薪火相传；筚路蓝缕，玉汝于成。"本书的完成并不是终结，而是一个新的开始。面对未来我将不再彷徨，我依然会背上思想的行囊开启一场新的远行，带上所有的感恩和祝福，为了所有爱着自己和自己爱着的人。